浙江工商大学法学院资助

彭真民主法制思想研究与教育基金资助

浙江工商大学长三角（先行）法治研究

长三角法治一体化发展报告

(2023年度)

周 珂　宋 杰　苏新建　主　编

牛 翔　孟婷钰　高丽华　副主编

浙江工商大学出版社

ZHEJIANG GONGSHANG UNIVERSITY PRESS

·杭州·

图书在版编目（CIP）数据

长三角法治一体化发展报告. 2023 年度 / 周珂，宋杰，苏新建主编；牛翔，孟婷钰，高丽华副主编. — 杭州：浙江工商大学出版社，2024.6
ISBN 978-7-5178-6034-1

Ⅰ. ①长… Ⅱ. ①周… ②宋… ③苏… ④牛… ⑤孟… ⑥高… Ⅲ. ①长江三角洲－社会主义法治－建设－研究报告－2023 Ⅳ. ①D927.5

中国国家版本馆 CIP 数据核字（2024）第 098304 号

长三角法治一体化发展报告（2023 年度）

CHANGSANJIAO FAZHI YITIHUA FAZHAN BAOGAO（2023 NIANDU）

周 珂 宋 杰 苏新建 主编
牛 翔 孟婷钰 高丽华 副主编

出 品 人	郑英龙
策划编辑	沈 娴
责任编辑	费一琛
责任校对	韩新严
封面设计	朱嘉怡
责任印制	包建辉
出版发行	浙江工商大学出版社
	（杭州市教工路 198 号 邮政编码 310012）
	（E-mail：zjgsupress@163.com）
	（网址：http://www.zjgsupress.com）
	电话：0571-88904980，88831806（传真）
排 版	杭州朝曦图文设计有限公司
印 刷	杭州高腾印务有限公司
开 本	710mm×1000mm 1/16
印 张	10.75
字 数	125 千
版 印 次	2024 年 6 月第 1 版 2024 年 6 月第 1 次印刷
书 号	ISBN 978-7-5178-6034-1
定 价	68.00 元

编写说明

　　《长三角法治一体化发展报告》以蓝皮书为研究范式,通过文献信息分析、实证调研和学术研讨等途径,总结了长三角地区各年度法治发展进程,并对其未来发展趋势进行了预测,提出了具有学术价值的评价,旨在为长三角地区的法治实践和教学科研工作提供智力支持。本研究报告被定位为中等规模、区域性层面的法治发展报告,旨在充分体现长三角地区法治一体化的迫切需求,推动该地区法治事业的蓬勃发展。本研究报告可作为长三角地区法治一体化发展的重要参考文献和工具书。

　　本研究报告为浙江工商大学长三角(先行)法治研究院专项研究课题"长三角法治一体化发展基础研究"的成果。浙江工商大学长三角(先行)法治研究院于2019年11月由浙江工商大学和中国人民大学共同创立,旨在落实党中央和习近平总书记长江三角洲区域一体化发展战略,并为其提供相关的法治保障理论和实证支持。本书为2023年度的研究报告,与前3个年度的研究报告相比,更加注重广泛吸收学术研究成果,特别强调对存在问题和对策研究的客观分析,并在部分篇章进行了更为细致的探讨。本研究课题组成员包括:周珂、宋杰、苏新建、牛翔、竺效、杨东、徐澜波、徐祥民、汪锦军、李蓉、童列春、王惠、马齐林、豆星星、毛益民、张雅娟、何东、曹瑞芬、王蕾、徐媛媛、王云霞、孟婷钰、高丽华、孙思嘉、贺佐琪、丁霖、谷海霞、刘刚、万晓玲、王斐、贾煜、顾晴怡、贾寅真、杨佳、周书悦、王玉航、蔡文霞、邓昌榜、颜香凝。全书由周珂、孟婷钰、高丽华统稿。

周　珂

2024 年 1 月 29 日

目　录

一、中央顶层设计与长三角法治发展 …………………………… 001

（一）深入推进长三角一体化发展 …………………… 001

（二）区域计量一体化发展 …………………… 002

（三）示范区国土空间总体规划获批 …………………… 003

（四）区域公共资源交易一体化发展 …………………… 003

（五）共建专利代理一体化合作机制 …………………… 004

（六）共建长江水系生态廊道 …………………… 005

（七）建设共同富裕示范区 …………………… 006

（八）碳达峰试点建设 …………………… 007

（九）电力市场一体化建设 …………………… 007

（十）推动虹桥国际开放枢纽进一步提升能级 …………………… 009

（十一）跨界水体联合保护 …………………… 010

（十二）数字化推动贸易高质量发展 …………………… 011

（十三）深入推进跨部门综合监管 …………………… 012

（十四）长三角一体化发展方向专项资金 …………………… 013

（十五）海事一体化融合发展 …………………… 013

二、区域内合(协)作机制与长三角法治一体化发展 ········· 014

(一)区域合(协)作探索:经济领域 ···················· 014

1. 区域经济协调 ································· 014

2. 结对合作帮扶 ································· 015

3. 区域合作开发 ································· 017

4. 交通基础设施建设合作 ····················· 018

5. 产业合作和经济联盟 ······················· 020

(二)"三级运作"区域合作机制 ······················ 026

1. 主要领导座谈会 ····························· 026

2. 长三角地区合作与发展联席会议 ············· 026

3. 联席会议办公室和重点专题组 ··············· 028

(三)长三角区域合作办公室 ······················· 042

三、长三角法治发展中的权力机关 ···················· 044

(一)长三角人大合(协)作机制 ····················· 044

1. 长三角地区人大常委会主任座谈会 ··········· 044

2. 长三角地区人大专门委员会合(协)作 ········· 045

3. 省级以下人大合(协)作 ····················· 047

4. 长三角一体化法治研究院 ··················· 048

(二)长三角人大协同立法 ·························· 050

1. 长三角生态绿色一体化发展示范区协同立法 ··· 050

2. 长江船舶污染协同立法 ····················· 051

四、长三角法治发展中的法治政府 ………… 053

（一）长三角一体化发展中的政府协议 ………… 053

1. 信用体系领域合作 ………… 053

2. 市场监管合作 ………… 055

3. 生态环境领域合作 ………… 058

4. 行政执法合作 ………… 062

5. 发展改革委领域合作 ………… 064

6. 政法系统、司法部门合作 ………… 067

7. 知识产权领域合作 ………… 074

8. 教育领域合作 ………… 077

9. 信息化领域合作 ………… 080

10. 金融领域合作 ………… 082

11. 交通领域合作 ………… 084

12. 人力社保领域合作 ………… 087

13. 民生领域合作 ………… 089

14. 文化旅游领域合作 ………… 091

15. 农业领域合作 ………… 095

16. 住建部门合作 ………… 096

17. 科技领域合作 ………… 098

（二）长三角生态绿色一体化发展示范区 ………… 101

（三）长三角地方政府其他领域合（协）作 ………… 121

五、长三角法治发展中的司法机关、监察机关 ………… 125

（一）长三角法治发展中的法院协作 ………… 125

1. 高级人民法院层面 ·· 125

2. 中级人民法院层面 ·· 127

3. 基层人民法院层面 ·· 131

(二)长三角法治发展中的检察机关协作 ·················· 135

1. 省(市)级检察机关 ·· 135

2. 市(区)级检察机关 ·· 136

3. 县级检察机关 ··· 138

(三)长三角法治发展中的监察机关协作 ················· 139

六、长三角法治发展中的法治教育与法学研究 ·········· 142

(一)法治教育 ·· 142

(二)法学研究 ·· 147

七、长三角法治发展中面临的问题与解决方案 ········· 154

(一)长三角法治发展中面临的问题 ···················· 154

1. 区域协同立法问题 ·· 154

2. 适法标准统一问题 ·· 156

3. 区域税收法治问题 ·· 157

4. 碳中和立法协同问题 ······································ 157

(二)长三角法治发展问题的解决方案 ·················· 159

1. 构建原则指导下的协同立法总体框架 ················· 159

2. 多方位助推长三角区域法治协同中司法政策标准统一 ··· 160

3. 创新区域内税收法治路径 ······························ 160

4. 搭建长三角地区碳中和立法协同一体化体系 ·········· 161

长三角一体化概念始于 1982 年。2016 年 5 月,国务院常务会议通过《长江三角洲城市群发展规划》。2018 年,长江三角洲区域一体化发展上升为国家战略。2023 年是长三角一体化发展上升为国家战略 5 周年。2023 年 11 月 30 日,中共中央总书记、国家主席、中央军委主席习近平在上海市主持召开深入推进长三角一体化发展座谈会并发表重要讲话,为这一国家战略的发展指明了方向。2023 年,长三角区域法治一体化取得了长足发展,为长三角一体化发展提供了有力的法治保障。

一、中央顶层设计与长三角法治发展

中央的顶层设计为长三角地区的法治发展提供了明确的指引和导向。在 2023 年,中央政府从多个方面和角度精心规划了长三角法治一体化的蓝图,始终坚定地引领和支持该地区朝着更高水平的一体化和高质量发展迈进。

(一)深入推进长三角一体化发展

2023 年 11 月 30 日,中共中央总书记、国家主席、中央军委主席习近平在上海市主持召开深入推进长三角一体化发展座谈会并发表重要讲话。他强调,深入推进长三角一体化发展,进一步提升创新能力、产业竞争力、发展能级,率先形成更高层次改革开放新格局,对于我国构建新发展格局、推动高质量发展,以中国式现代化全面推进强国建设、民族复兴伟业,意义重大。要完整、准确、全面贯彻新发展理念,紧扣"一体化"和"高质量"这两个关键词,树立全球视野和战略思维,坚定不移深化改革、扩大高水平开放,统筹科技创新和产业创新,统筹龙头带动和各扬所长,统筹硬件联通和机制协同,统筹生态环保和经济发展,在推进共同富裕上先行示范,在建设中华民族现代文明上积极探索,推动长三角一体化发展取得新的重大突破,在中国式现代化中走在前列,更好发挥先行探路、引领示范、辐射带动作用。①

(二)区域计量一体化发展

2023 年 9 月 28 日,《市场监管总局关于全面深化长三角计量一体化发展的意见》(国市监计量发〔2023〕84 号)提出,到 2025 年,基本建成长三角地区计量一体化协同发展的体制机制,全面统筹区域计量发展,深化区域计量合作,计量技术支撑能力持续增强,计量监管执法协作机制建立健全,一体化制度创新取得实效,进一步提升与国家重大战略推进实施相配套的计量一体化服务能力。该意见的印发将进一步推动长三角地区计量工作形成分工合理、相互融合的区域功能布局,构建需求引导、统一协调、优势互补的长三角计量一体化协同发展体制机制,服务经济社会高质量发展。②

---

① 《习近平主持召开深入推进长三角一体化发展座谈会强调:推动长三角一体化发展取得新的重大突破　在中国式现代化中更好发挥引领示范作用》,载中华人民共和国中央人民政府网,https://www.gov.cn/yaowen/liebiao/202311/content_6917835.htm,2024 年 1 月 26 日最后访问。
② 《市场监管总局印发〈关于全面深化长三角计量一体化发展的意见〉》,载中华人民共和国中央人民政府网,https://www.gov.cn/lianbo/bumen/202310/content_6910960.htm,2024 年 1 月 26 日最后访问。

(三)示范区国土空间总体规划获批

2023 年 2 月,国务院批复《长三角生态绿色一体化发展示范区国土空间总体规划(2021—2035 年)》。该规划是继《全国国土空间规划纲要(2021—2035 年)》印发后首部经国务院批准的跨行政区国土空间规划,为其他地区编制和实施区域性国土空间规划积累经验、提供借鉴。该规划范围涵盖上海市青浦区、江苏省苏州市吴江区、浙江省嘉兴市嘉善县,总面积约 2413 平方千米;先行启动区包括金泽、朱家角、黎里、西塘、姚庄 5 个镇,总面积约 660 平方千米。该规划的目标为实现五大总体定位:人类与自然和谐共生的地区、全域功能与风景共融的地区、创新链与产业链共进的地区、江南韵和小镇味共鸣的地区、公共服务和基础设施共享的地区。该规划共 8 章 65 条,包含 23 张图集、58 个近期重点项目,重点明确了耕地保护、生态环境、城乡布局、历史人文与特色风貌、公共服务与基础设施等方面的发展策略、管控底线和区域协同事项。[①]

(四)区域公共资源交易一体化发展

2023 年 5 月 15 日,长三角公共资源交易统一门户一体化服务平台开通。统计数据显示,长三角公共资源交易额约占全国交易总额的

[①] 《国务院关于〈长三角生态绿色一体化发展示范区国土空间总体规划(2021—2035 年)〉的批复》,载中华人民共和国中央人民政府网,https://www.gov.cn/zhengce/zhengceku/2023-02-21/content_5742406.htm,2024 年 1 月 26 日最后访问。

1/4，在全国公共资源交易领域具有重要的地位。在长三角地区中，上海市的公共资源"一网交易"规模持续增长，2022年突破1.3万亿元，创历史新高。2022年3月，国家发展和改革委员会印发的《关于推动长江三角洲区域公共资源交易一体化发展的意见》对长三角公共资源交易一体化发展的目标、任务等进行了总体部署。统一门户的开通，促进了各类公共资源要素在区域内合理流动和高效配置，不仅有利于加快推动在长三角区域内形成统一开放、竞争有序的公共资源交易市场，而且为全国范围内的改革积累了经验。①

（五）共建专利代理一体化合作机制

2023年4月20日，2023年全国知识产权宣传周活动启动仪式江苏分会场活动暨长三角知识产权新闻发布会在苏州市举行。浙苏皖沪三省一市知识产权局联合签署了《长三角地区专利代理行业高质量发展一体化合作备忘录》。该备忘录是我国建立的首个专利代理行业省级跨区域合作机制，旨在打破区域间行政壁垒，优化资源配置，统筹推进区域内形成信息互通、经验互鉴、监管互动、评价互认的工作格局，促进专利代理资源要素流通和融合发展。长三角地区是我国专利申请最活跃、创新能力最强的区域之一，也是专利代理机构最密集的区域之一，专利代理机构数占全国专利代理机构数的近30%。本次备忘录的签署，是贯彻落实国家知识产权局等17个部门联合印发的《关于加快推动知识产权服务业高质量发展的意见》的实际行动，对于提

---

① 《长三角公共资源交易统一门户开通》，载安徽省人民政府网，https://www.ah.gov.cn/zw-yw/ztzl/zstjzsjythfz/ythzc/564235611.html，2024年1月26日最后访问。

升三省一市专利代理行业发展水平,服务长三角一体化发展国家战略和知识产权强国建设具有重要意义。[①]

(六)共建长江水系生态廊道

2023 年 12 月 6 日,长三角林业联席会议在上海市召开。浙苏皖沪三省一市协商推进长江水系生态廊道建设,通过生态廊道重要节点打造,到 2025 年初步实现长三角长江干流生态廊道省级贯通。国家林业和草原局有关负责人介绍,近年来,长三角地区加紧推进生态廊道建设,"十三五"期间,长三角地区共完成新造林超过 1500 万亩,完成森林改造提升近 600 万亩。此次会议审议通过了《长三角长江水系生态廊道建设保护专项规划编制大纲》。该大纲提出构建"一核一带多廊多点"的生态廊道建设保护空间布局。其中,"一核"是以长三角生态绿色一体化发展示范区为先手棋和突破口,探索跨省域生态廊道共同保护建设;"一带"即在长江干流两岸建设岸绿水清的生态景观防护带。根据该大纲,到 2035 年,长三角地区将全面构建起纵横成网、连续完整、景观优美、结构稳定、功能完备的长江沿岸主次生态廊道网络体系,推动生态廊道建设向整体化、系统化、生态化融合发展。针对外来入侵物种互花米草的治理,浙苏皖沪三省一市林业部门签署了《沪苏浙皖林业部门共同推动长三角长江水系生态廊道建设和互花米草防治合作协议》。[②]

---

① 《长三角建立专利代理行业高质量发展一体化合作机制》,载国家知识产权局网,https://www.cnipa.gov.cn/art/2023/4/25/art_57_184644.html,2024 年 1 月 26 日最后访问。
② 《长三角共建长江水系生态廊道》,载国家林业和草原局 国家公园管理局网,https://www.forestry.gov.cn/search/535771,2024 年 1 月 26 日最后访问。

(七)建设共同富裕示范区

党的十八大以来,习近平总书记就扎实推动共同富裕发表了一系列重要讲话,做出了一系列重要部署,为扎实推进全体人民共同富裕指明了方向。2021 年 5 月,《中共中央　国务院关于支持浙江高质量发展建设共同富裕示范区的意见》发布。该意见是以习近平同志为核心的党中央把促进全体人民共同富裕摆在更加重要的位置所做出的一项重大决策。近两年来,浙江省始终胸怀"两个大局",牢记"国之大者",深入践行"八八战略",切实承担主体责任,以高度的政治责任感和担当作为的实干精神,健全工作机制,打造标志性成果,推动示范区建设实现良好开局。

2023 年 3 月 3 日,《国家发展改革委关于印发浙江高质量发展建设共同富裕示范区第一批典型经验的通知》(发改就业〔2023〕252 号)发布。该通知充分发挥浙江共同富裕示范区建设的带动作用,为全国扎实推进共同富裕提供省域范例。国家发展和改革委员会同浙江省深入调研,总结提炼了组织建设、高质量发展、缩小城乡差距、缩小地区差距、缩小收入差距、促进基本公共服务均等化共 6 个方面 10 条典型经验做法。①

---

① 《国家发展改革委关于印发浙江高质量发展建设共同富裕示范区第一批典型经验的通知》,载中华人民共和国国家发展和改革委员会网,https://www.ndrc.gov.cn/xxgk/zcfb/tz/202303/t20230323_1351675.html,2024 年 1 月 26 日最后访问。

(八)碳达峰试点建设

2023 年 10 月 20 日,为落实《国务院关于印发 2030 年前碳达峰行动方案的通知》(国发〔2021〕23 号),在全国范围内选择 100 个具有典型代表性的城市和园区开展碳达峰试点建设,探索不同资源禀赋和发展基础的城市和园区碳达峰路径,为全国提供可操作、可复制、可推广的经验做法,国家发展和改革委员会印发《国家碳达峰试点建设方案》。①

2023 年 11 月 28 日,按照该方案的工作安排,国家发展和改革委员会印发《国家发展改革委办公厅关于印发首批碳达峰试点名单的通知》(发改办环资〔2023〕942 号),确定张家口市等 25 个城市及长治高新技术产业开发区等 10 个园区为首批碳达峰试点城市和园区。长三角地区的江苏省盐城市、苏州工业园区、南京江宁经济技术开发区,浙江省杭州市、湖州市,安徽省亳州市、合肥高新技术产业开发区等位列名单之中。②

(九)电力市场一体化建设

2023 年 6 月 19 日,《国务院办公厅关于进一步构建高质量充电基础设施体系的指导意见》(国办发〔2023〕19 号)指出,要建设互联

---

① 《国家发展改革委关于印发〈国家碳达峰试点建设方案〉的通知》,载中华人民共和国国家发展和改革委员会网,https://www.ndrc.gov.cn/xxgk/zcfb/tz/202311/t20231106_1361804.html,2024 年 1 月 26 日最后访问。

② 《国家发展改革委办公厅关于印发首批碳达峰试点名单的通知》,载中华人民共和国国家发展和改革委员会网,https://www.ndrc.gov.cn/xxgk/zcfb/tz/202312/t20231206_1362471.html,2024 年 1 月 26 日最后访问。

互通的城市群都市圈充电网络。加强充电基础设施统一规划、协同建设,强化不同城市充电服务数据交换共享,加快充电网络智慧化升级改造,实现跨区域充电服务有效衔接,提升电动汽车在城市群、都市圈及重点城市间的通达能力。以京津冀、长三角、粤港澳大湾区、成渝地区双城经济圈为重点加密建设充电网络,打造联通区域主要城市的快速充电网络,力争充电技术、标准和服务达到世界先进水平。[①]

2023年9月15日,《国家发展改革委等部门关于印发〈电力需求侧管理办法(2023年版)〉的通知》(发改运行规〔2023〕1283号)在"绿色用电"部分指出,提高京津冀、长三角、粤港澳等重点区域绿电消费比重,提升新增产业、新建项目、新建园区可再生能源利用水平。支持以县域或村镇为单位,充分利用当地水、风、光、生物质、地热等可再生能源资源,因地制宜建设分布式绿色低碳综合能源网络,提高乡村用能的绿电比例。积极推动工业厂房、公共建筑等屋顶光伏建设和实施光伏建筑一体化应用,因地制宜推广浅层地热驱动的冷热电一体化模式。该办法自2023年10月1日起施行,有效期5年。2017年9月20日起实施的《电力需求侧管理办法》(修订版)同时废止。[②]

2023年10月12日,《国家发展改革委办公厅 国家能源局综合司关于进一步加快电力现货市场建设工作的通知》(发改办体改〔2023〕813号)指出,南方区域电力现货市场在2023年底前启动结算

---

① 《国务院办公厅关于进一步构建高质量充电基础设施体系的指导意见》,载中华人民共和国中央人民政府网,https://www.gov.cn/zhengce/zhengceku/202306/content_6887168.htm,2024年1月26日最后访问。

② 《国家发展改革委等部门关于印发〈电力需求侧管理办法(2023年版)〉的通知》,载中华人民共和国国家发展和改革委员会网,https://zfxxgk.ndrc.gov.cn/web/iteminfo.jsp?id=20274,2024年1月26日最后访问。

试运行。2023 年底前建立长三角电力市场一体化合作机制,加快推动长三角电力市场建设工作。①

(十)推动虹桥国际开放枢纽进一步提升能级

建设虹桥国际开放枢纽是党中央、国务院推动落实长三角一体化发展战略的重大布局,是长三角一体化发展进程中具有标志性意义的一件大事。2021 年 2 月,国务院正式批复《虹桥国际开放枢纽建设总体方案》,并由国家发展和改革委员会印发实施。该总体方案出台以来,在各有关方面的共同努力下,虹桥国际开放枢纽"一核两带"功能布局初步形成,高端商务、会展、交通功能持续完善,科创产业融合日益深化。该总体方案部署的各项任务逐步落地并取得了阶段性成效。

为推动虹桥国际开放枢纽进一步提升能级,增强国内、国际两个市场资源联动效应,积极服务构建新发展格局,2023 年 7 月 10 日,经国务院同意,国家发展和改革委员会印发了《关于推动虹桥国际开放枢纽进一步提升能级的若干政策措施》。这是继《虹桥国际开放枢纽建设总体方案》之后,国家层面基于"大虹桥"的良好发展态势和重大使命需求,对这一重要平台建设给予的新一轮助力支持。该政策措施在做强"一核"(虹桥商务区)、做优做精"两带"(北向和南向拓展带)、引领和带动长三角全域细化、实化该总体方案相关举措等方面提出了 24 条具体措施。该政策措施根据新的发展需要,更

---

① 《国家发展改革委办公厅　国家能源局综合司关于进一步加快电力现货市场建设工作的通知》,载中华人民共和国国家发展和改革委员会网,https://www.ndrc.gov.cn/xxgk/zcfb/tz/202311t/t20231101_1361704.html,2024 年 1 月 26 日最后访问。

加突出创新、开放、设施 3 个"协同"，持续发力推动虹桥国际开放枢纽能级提升。[①]

2023 年 9 月 15 日，上海市委副书记、市长龚正主持召开市政府常务会议。该会议同意加快推动虹桥国际开放枢纽发展相关政策措施和行动计划的实施，并指出虹桥国际开放枢纽是中央推动长三角一体化发展战略和对外开放战略的重要组成部分。会议强调，要抓紧推动各项任务落实、落地，进一步提升虹桥国际开放枢纽能级，更好地服务构建新发展格局；要着力提升国内、国际两种资源的配置利用能力，为高水平制度性开放打好基础；要形成部市协同、区域协同、市区协同的合力，促进改革举措早落地，让更多的总部型企业和高能级企业早落户；要强化大科创、大商务、大会展、大交通功能，大力发展高能级总部经济、高流量贸易经济、高端化服务经济、高层次会展经济，加快打造功能复合型国际化中央商务区、国际贸易中心新平台。[②]

(十一)跨界水体联合保护

2023 年 5 月 16 日，长三角生态绿色一体化发展示范区执委会会同水利部太湖流域管理局以及浙苏沪两省一市三级八方水利(务)部门，联合召开示范区水利(务)领域联保共治创新实践成果新闻发布

---

① 《专家解读|聚焦能级提升　助推虹桥国际开放枢纽建设再上新台阶》，载中华人民共和国国家发展和改革委员会网，https://www.ndrc.gov.cn/fggz/fgzy/xmtjd/202308/t20230830_1360251.html，2024 年 1 月 26 日最后访问。

② 《进一步提升虹桥国际开放枢纽能级　龚正主持市政府常务会议》，载上海市人民政府网，https://www.shanghai.gov.cn/2023nszfcwhy/20230916/d47e7110013045e083c8966e50494bc8.html，2024 年 1 月 26 日最后访问。

会。该发布会发布了《长三角生态绿色一体化发展示范区水利规划(2021—2035年)》《长三角生态绿色一体化发展示范区供排水专项规划(2021—2035年)》《长三角生态绿色一体化示范区联合河湖长制工作规范》和《长三角生态绿色一体化发展示范区水利(务)领域2023年行动计划》。

2023年9月28日,浙苏沪两省一市生态环境厅(局)、水利(务)厅(局),生态环境部太湖流域东海海域生态环境监督管理局,水利部太湖流域管理局,以及长三角生态绿色一体化发展示范区执委会等9个部门联合印发《长三角生态绿色一体化发展示范区淀山湖、元荡、太浦河(含汾湖)等重点跨界水体联保专项治理及生态建设实施方案》,旨在为重点跨界水体生态环境联合保护与建设探索路径和提供示范。该实施方案以水生态功能提升为核心,在持续深化巩固示范区水体联保共治、岸线生态修复和功能提升等已有成果的基础上,更加注重落实自然修复、系统治理等理念方法,更加注重提升河湖及周边生态系统多样性、稳定性和持续性,更加注重厚植示范区优良生态基底,有实施目标、有任务清单,为示范区淀山湖、元荡、太浦河(含汾湖)等重点跨界水体的协同治理和生态保护修复指明方向。①

(十二)数字化推动贸易高质量发展

2023年4月25日,《国务院办公厅关于推动外贸稳规模优结构的意见》(国办发〔2023〕10号)在"加快对外贸易创新发展"部分指出,要

---

① 《沪苏浙九部门印发实施方案 推进长三角跨界水体联合保护》,载浙江省人民政府网,https://www.zj.gov.cn/art/2023/11/27/art_1229278447_60183558.html,2024年1月26日最后访问。

推进贸易数字化：支持大型外贸企业运用新技术自建数字平台，培育服务中小微外贸企业的第三方综合数字化解决方案供应商；支持粤港澳大湾区全球贸易数字化领航区发展，加快贸易全链条数字化赋能，充分发挥先行示范效应，适时总结发展经验；在粤港澳大湾区、长三角地区，2023—2025 年每年遴选 5—10 个数字化推动贸易高质量发展的典型案例，并推广应用。①

（十三）深入推进跨部门综合监管

2023 年 2 月 17 日，《国务院办公厅关于深入推进跨部门综合监管的指导意见》（国办发〔2023〕1 号）指出，要加强跨区域监管联动：针对跨部门综合监管涉及的跨区域监管缺位、管辖争议、执法办案困难等问题，建立健全源头追溯、信息共享、线索移送、联合调查、执法联动、执法互认等机制；加快推进食品安全、道路运输安全、知识产权保护、资质资格认定、商业特许经营等跨区域监管协作，切实加强大气污染、水污染、固体废物转移等跨区域联防联治；鼓励跨行政区域按规定联合发布统一监管政策法规及区域性地方标准，加强调查取证和案件处置合作，京津冀、长三角、粤港澳大湾区、成渝等地区要积极探索创新联合监管模式。②

---

① 《国务院办公厅关于推动外贸稳规模优结构的意见》，载中华人民共和国中央人民政府网，https://www.gov.cn/zhengce/zhengceku/2023-04/25/content_5753130.htm，2024 年 1 月 26 日最后访问。
② 《国务院办公厅关于深入推进跨部门综合监管的指导意见》，载中华人民共和国中央人民政府网，https://www.gov.cn/zhengce/zhengceku/2023-02/17/content_5741898.htm，2024 年 1 月 26 日最后访问。

(十四)长三角一体化发展方向专项资金

2023 年 8 月 31 日,《财政部关于下达 2023 年重大区域发展战略建设专项(长三角一体化发展方向)中央基建投资预算的通知》(财建〔2023〕272 号)发布,该资金将专项用于长三角一体化重大区域发展战略建设。①

(十五)海事一体化融合发展

2023 年 12 月 25 日,为锚定长三角一体化发展国家战略,落实交通运输部关于长三角一体化发展的工作部署,创新海事服务,支持长三角一体化高质量发展,交通运输部海事局印发《创新海事服务 支持长三角一体化高质量发展工作方案（2023—2025 年)》。该工作方案提出,以长三角海事监管与服务保障一体化为突破口,以全要素水上"大交管"体系建设为抓手,加快推动海事转型发展,确保长三角海事一体化融合发展到 2025 年底取得一批实质性成果,为长三角区域经济社会高质量发展提供支持,并在海事服务国家战略实施中发挥示范和引领作用。②

---

① 《财政部关于下达 2023 年重大区域发展战略建设专项(长三角一体化发展方向)中央基建投资预算的通知》,载中华人民共和国财政部网,http://jjs.mof.gov.cn/zxzyzf/jjzc/202310/t202310-17_3911406.htm,2024 年 1 月 26 日最后访问。

② 《创新海事服务 支持长三角一体化高质量发展工作方案(2023—2025 年)》,载中华人民共和国海事局网,https://www.msa.gov.cn/page/article.do? articleId=6AD4F2B4-58BD-4D10-8A45-31B832581F42,2024 年 1 月 26 日最后访问。

二、区域内合(协)作机制与长三角
法治一体化发展

2023年浙苏皖沪三省一市进一步推进长三角一体化建设,部分省市提出了明确的任务,启动了重点项目,特别是在基础设施、产业创新、生态环境等关键领域。三省一市明确2023年要重点围绕高水平科技自立自强、加快构建现代化产业体系、推进高水平对外开放、深入践行绿色发展理念等方面进行工作。

(一)区域合(协)作探索:经济领域

1.区域经济协调

2023年10月19日,长三角"三省一市"财政厅(局)长联席会议在浙江省嘉善县召开。浙江省财政厅党组书记、厅长尹学群,上海市财政局党组书记、局长王华杰,江苏省财政厅党组书记、厅长王天琦,安徽省财政厅党组书记、厅长谷剑锋,以及三省一市的财政厅(局)负责同志和相关处室负责人参加会议。会议期间,参会人员参观了祥符荡生态修复项目清水工程、竹小汇双碳聚落和"金色大底板",以及浙江大学未来食品实验室等。同时,本次联席会议还举办了长三角区域财政电子票据共享启动仪式和《长三角区域政府采购一体化发展五年行动计划》签署仪式,浙苏皖沪三省一市深入交流了各自的特色亮点工作,并审议了 9 个长三角一体化发展财政工作议题。①

2023 年 11 月 30 日,长三角城市经济协调会第二十二次全体会议在轮值城市浙江省丽水市召开。浙苏皖沪的 41 个城市以"共担新使命,凝心向未来"为主题,紧扣"一体化"和"高质量"两个关键词,共商合作、共谋发展。本次会议首次发布了长三角经营主体发展指数,指数得分从 2018 年基期的 100 分提高至 2022 年的 155.88 分,上升势头良好。针对数字化转型升级,本次会议发布了《数字赋能长三角中小企业白皮书》,决定通过搭建一站式数字化产品服务赋能体系、搭建培训体系、打造代表性行业与场景的转型样板等手段,构建系统性中小企业数字化赋能体系。针对携手助力革命老区振兴发展,41 个城市达成了共识,并发布了《长三角城市共同助力革命老区振兴发展倡议》,未来将在打造东中部红色旅游协作圈、助推国际国内创新资源向革命老区重点城市嫁接延伸、支持和引导企业到老区投资兴业、助推革命老区重点城市共享长三角区域公共服务设施和高品质公共服务等方面发挥长三角协作力量。②

2. 结对合作帮扶

2022 年 12 月 27 日,上海市人民政府与安徽省人民政府印发《上海市与六安市对口合作实施方案(2023—2025 年)》,明确对口合作目

---

① 《2023 年度长三角"三省一市"财政厅(局)长联席会议在嘉善召开》,载浙江省财政厅网,ht-tp://czt.zj.gov.cn/art/2023/10/23/art_1164173_58927586.html,2024 年 1 月 26 日最后访问。

② 《长三角城市经济协调会全体会议在丽水召开》,载浙江省人民政府网,https://www.zj.gov.cn/art/2023/12/4/art_1229278448_60185191.html,2024 年 1 月 26 日最后访问。

标、任务和措施,充分发挥上海市、六安市两地优势,抓住长三角一体化发展契机,促进优势互补、互惠互利、共谋发展,激发老区内生动力和发展活力,走出一条新时代老区振兴发展新路,把革命老区建设得更好,让老区人民过上更好的生活。该方案从推动文旅康养发展、推进新型城镇化建设、提升公共服务水平、促进绿色低碳发展、共建产业合作平台、加强经贸物流合作与人才交流等6个方面深化上海市与六安市的对口合作,助推六安市大别山革命老区振兴发展。[①]

2023年3月1日,安徽省淮北市人民政府主持召开徐淮结对合作帮扶调度会。会议听取了徐淮结对合作帮扶有关工作开展情况及下一步重点合作事项的汇报,与会各单位结合职能分工汇报了工作开展情况、存在问题及下一步打算。会议指出,推动徐州市、淮北市结对合作帮扶,是落实长三角一体化发展战略的重要工作举措,淮北市要抢抓政策机遇、提高工作站位、强化责任担当、主动靠前作为,加强与徐州市沟通对接。两市协商印发了《徐州市与淮北市结对合作帮扶2023年计划》,旨在把对接合作各项任务推深做实。会议还决定建立健全工作调度机制,加快推进合作事项和项目工作进度,早日形成明显工作成效,在皖北8个城市中做出典范。[②]

2023年5月25日,由宁波市科学技术局与蚌埠市科学技术局联合举办的"国内宁波周暨甬蚌科技合作双向对接洽谈会"在安徽省蚌埠市举行。宁波市科学技术局党组成员、副局长陈善福,蚌埠市政协副主席、市科学技术局局长乌兰其其格参加会议并致辞,两地科技管

---

① 《一图读懂〈上海市与六安市对口合作实施方案(2023—2025年)〉》,载六安市人民政府网,https://www.luan.gov.cn/content/article/10089422,2024年1月26日最后访问。

② 《淮北市召开徐淮结对合作帮扶调度会》,载安徽省发展和改革委员会网,https://fzggw.ah.gov.cn/ywdt/ztzl/zsjythzhxxglfwpt/dtzx/147845221.html,2024年1月26日最后访问。

理部门负责人,高校院所、重点科技企业代表参加活动。本次会议共征集到两地企业"技术需求"和高校院所"科技成果"170余项,意在通过双向对接洽谈的形式让高校院所、科技企业、服务机构等创新成果转移转化链条上各主体充分互动交流,打破院企对接"围墙",联合破解"卡脖子"技术难题,促进更多优质科技成果加速转化落地。[①]

2023年10月13日,长三角市场监管联席会议在安徽省黄山市举行。会上,浙苏皖沪三省一市市场监督管理局签订《沪苏浙结对合作帮扶皖北八市市场监管工作备忘录》,旨在建立创优营商环境机制、平台经济发展帮扶机制、质量品牌提升机制、安全监管能力提升机制、监管执法协同机制、干部交流学习机制、"满意消费长三角"提升行动机制、常态化工作推进机制等8项机制。[②]

3.区域合作开发

2023年11月8日,2023长三角G60科创走廊高质量发展要素对接大会在国家会展中心(上海)会议中心召开。会上,"中老班列—G60号"国际货运班列首发仪式举行;一批重大科技成果和要素落地发布;一批科创生态要素链接成果发布,包括中阿G60合作发展促进中心、上合示范区G60创新协同中心、长三角G60科创走廊量子密码应用创新联盟(中心)揭牌成立,首批G60产城融合发展示范区、第二批G60科技成果转移转化示范基地、第二批G60产融结合高质量发

---

① 《共同打造长三角区域城市合作典范　国内宁波周暨甬蚌科技合作双向对接洽谈会成功举行》,载中华人民共和国科学技术部网,https://www.most.gov.cn/dfkj/zj/zxdt/202306/t20230601_186392.html,2024年1月26日最后访问。

② 《沪苏浙皖签署结对合作帮扶市场监管工作备忘录》,载中华人民共和国国家发展和改革委员会网,https://www.ndrc.gov.cn/xwdt/ztzl/cjsjyth1/xwzx/202310/t20231031_1361681.html,2024年1月26日最后访问。

展示范园区予以授牌;第二届"创赢未来"G60科技与产业创新大赛颁奖仪式举行;九城市企业进博会联合采购项目、九城市跨区域合作项目、重大战略合作项目进行了集中签约。①

2023年12月7日,嘉兴市委副书记、市长李军一行赴上海市黄浦区开展友好城区合作对接,与黄浦区人民政府正式签约《缔结友好城区协议》。接下来,双方将探索区域合作新模式新机制,重点在党建、文旅、经贸、城市治理、社会事业等方面加强合作与交流,以实际行动助力长三角一体化发展。②

4.交通基础设施建设合作

2023年6月24日,全国第一条与上海地铁线网对接的跨省际轨交、中国县域第一条穿越全城的轨交、苏州第一条市域轨交——苏州轨道交通11号线正式投入运营。苏州轨交11号线和上海轨交11号线在昆山花桥实现了"双11"交会、对接,这是国内首次实现跨省轨交系统的无感换乘。苏州轨交11号线的正式开通,不仅进一步缩短了苏沪之间的时空距离,显著加速了城际间人口、资金、技术、信息等要素的流动,而且更好地推动了长三角一体化发展和苏州市域一体化发展。③

---

① 《第六届中国国际进口博览会2023长三角G60科创走廊高质量发展要素对接大会召开 着眼更高水平开放 全力建设具有全球影响力的科创走廊和重要创新策源地》,载上海市松江区人民政府网,https://sjq.sh.gov.cn/xwzx/001001/20231109/190f3a0c-b091-452c-bbcb-a8d3f13010aa.html,2024年1月26日最后访问。

② 《嘉兴市与黄浦区正式签约缔结友好城区协议》,载嘉兴市长三角一体化发展办公室网,https://csjfzb.jiaxing.gov.cn/art/2023/12/14/art_1601400_58933526.html,2024年1月26日最后访问。

③ 《沪苏地铁互通 长三角核心城市深度同城化》,载中华人民共和国中央人民政府网,https://www.gov.cn/lianbo/difang/202306/content_6888061.htm,2024年1月26日最后访问。

2023年9月15日,在共建"一带一路"倡议提出10周年之际,中欧班列国际合作论坛在新亚欧大陆桥的东方起点——江苏省连云港市成功举办。该论坛旨在进一步巩固、稳定、提升中欧班列良好发展态势,强化沿线国家和地区产业链、供应链连接畅通,助推共建"一带一路"高质量发展。10年来(截至2023年8月),长三角中欧班列累计开行逾2万列,运送货物超200万标箱,为长三角经济高质量发展注入了新动力,有力保障了国际产业链、供应链稳定,也带动了沿线国家和地区经济发展和民生改善。随着长三角区域内产业补链、强链、延链和产品迭代升级的推进,长三角中欧班列装运的产品越来越丰富多样,货物品类不断拓展和升级。运往欧洲的货物品类除了广受欢迎的义乌小商品,苏南的纺织品、服装等传统商品外,还有更具竞争力和高附加值的光伏组件、汽车及配件、机械装备、白色家电等产品。欧洲返程的货物品类从早期的木材、汽车及零配件逐步拓展到机电产品、食品、医疗器械、机械设备、酒类等,实现了多样化发展。①

2023年12月6日,省界断头路项目新胜路跨吴淞江大桥(新胜大桥)、外青松公路跨吴淞江大桥通车。至此,浙江省、江苏省与上海市历时5年打通了9条省界断头路。打通省界断头路是促进跨省界区域协同发展,提升行政区域间交通联系的民生工程。它对优化区域路网功能、改善周边交通环境具有积极作用。在断头路打通的同时,各地同步开通毗邻公交,方便周边老百姓的出行,进一步完善长三角地区交通路网结构。②

---

① 《长三角中欧班列10年来累计开行逾2万列　运送货物超200万标箱》,载央广网,http://news.cnr.cn/native/gd/20230916/t20230916_526421949.shtml,2024年1月26日最后访问。

② 《上海与江苏浙江历时5年共打通9条省界断头路——助力长三角互联互通》,载上海市交通委员会网,https://jtw.sh.gov.cn/tpxw/20231211/9036546b149d46e881e01c839e2674ea.html,2024年1月26日最后访问。

5.产业合作和经济联盟

2023 年 1 月 4 日,浙苏皖沪三省一市公共图书馆共同发起的长三角地区公共图书馆标准化工作联盟成立大会在安徽省蚌埠市召开。会议采用线下、线上相结合的方式举行。会议交流总结了长三角地区公共图书馆开展标准化工作的实践与成效,就联盟标准化工作进行了研讨。在与会代表的见证下,安徽省图书馆、上海图书馆、浙江省图书馆以及南京图书馆的代表签署《长三角地区公共图书馆标准化工作联盟合作框架协议》。[①]

2023 年 3 月 8 日,宣城市发展和改革委员会与上海市白茅岭农场有限公司签署了价格认定政企合作协议。上海市白茅岭农场有限公司是国有农场,位于安徽省宣城市郎溪县和广德市境内。按照协议约定,公司所属农场可按生产经营需要,向当地价格认定机构提出价格认定、价格争议纠纷调解等事项,价格认定机构提供优质高效服务。该协议的签订,是安徽省价格认定工作积极融入长三角一体化发展的有益探索和实践。近年来,安徽省价格认证中心抢抓长三角一体化发展战略机遇,2020 年 10 月,与上海市、江苏省价格认定机构共同签署了《沪苏皖农场价格认定案件办理一体化合作框架协议》,旨在为推进沪苏皖价格认定工作高质量协同发展提出指导性意见。[②]

2023 年 3 月 19 日,在浙苏皖沪三省一市主管部门的指导下,上

---

① 《长三角地区公共图书馆标准化工作联盟正式成立》,载中华人民共和国文化和旅游部网,https://www.mct.gov.cn/whzx/qgwhxxlb/ah/202301/t20230104_938403.htm,2024 年 1 月 26 日最后访问。

② 《安徽省价格认证中心服务"飞地"经济 融入长三角一体化高质量发展》,载江苏省发展和改革委员会网,http://fzggw.jiangsu.gov.cn/art/2023/3/24/art_85241_10842352.html,2024 年 1 月 26 日最后访问。

海市农业科学院、江苏省农业科学院、浙江省农业科学院和安徽省农业科学院联合发起成立"长三角草莓产业技术创新联盟",旨在以草莓产业的发展需求和各方共同利益为基础,以提升产业技术创新能力为目标,打造联合开发、优势互补的技术创新合作组织。现场签署了"亚夫科技服务"共建项目、省级现代农业产业高质量发展示范园共建项目、专精特新小园区合作招商项目及一批三产融合项目等。①

2023年4月11日,崇明农业科创联盟发布会暨农业科创孵化园揭牌仪式举行。会上,上海市农业农村委员会、上海市崇明区农业农村委员会与上海市农业科学院、上海交通大学、上海海洋大学等科研机构、院校签订《崇明农业科创联盟合作倡议书》。多个科技共建平台在现场揭牌。崇明农业科创联盟的成立,旨在构建梯次分明、分工协作、适度竞争的农业科技创新体系,通过深度整合各方力量,多渠道、多层级支撑崇明农业科技创新高质量发展。②

2023年4月11日,第二届长三角数字经济发展大会在江苏省南京市江宁区举行。大会以"数实融合·数智未来"为主题,凝聚产、学、研、政、商、金等各方力量,推动数字经济和实体经济融合发展,助力长三角经济加速腾飞。会上,5家企业联合发起倡议的"长三角AIGC联盟"正式成立。该联盟将遵循"开放、平等、协作"的原则,打造"共建共享、开放融合、互助共进"的平台。③

---

① 《长三角草莓产业技术创新联盟成立》,载中共江苏省委新闻网,http://www. zgjssw. gov. cn/yaowen/202303/t20230320_7870430. shtml,2024年1月26日最后访问。

② 《聚力打造长三角农业硅谷 崇明农业科创联盟成立》,载中华人民共和国农业农村部网,http://www. moa. gov. cn/xw/qg/202304/t20230413_6425289. htm,2024年1月26日最后访问。

③ 《第二届长三角数字经济发展大会举行》,载中华人民共和国国家发展和改革委员会网,https://www. ndrc. gov. cn/xwdt/ztzl/cjsjyth1/xwzx/202304/t20230423_1354078. html,2024年1月26日最后访问。

2023 年 8 月 25 日,"长三角"华侨华人新生代创新创业联盟在中国(浙江)世界华侨华人新生代创新创业大会上成立。该联盟由上海市人民政府侨务办公室、江苏省人民政府侨务办公室、浙江省人民政府侨务办公室、安徽省人民政府侨务办公室联合成立,旨在构建长三角地区侨界青年创新创业协同发展和合作共赢体系。该联盟采取轮值制,由浙苏皖沪三省一市人民政府侨务办公室轮流担任联盟主席单位,首届主席单位为浙江省人民政府侨务办公室。该联盟成立后,将积极整合资源,搭建侨界青年交流、合作与发展的平台,为侨界青年跨区域协同创新提供服务,也为高质量推进长三角一体化发展不断注入侨界新活力。[①]

2023 年 8 月 30 日,长三角创新创业发展联盟大会在安徽省滁州市天长市举行。在国家发展改革委创新驱动发展中心和长三角三省一市的发展和改革委员会的共同见证下,长三角创新创业发展联盟正式成立。会上,上海杨浦科技创业中心、亨石科创园管理(杭州)有限公司、滁州市高新技术创业服务中心进行了伙伴园区签约仪式。该伙伴园区将成为长三角地区融合发展的新亮点、高质量发展的主阵地。[②]

2023 年 9 月 5 日,在商务部的指导下,上海市、江苏省、浙江省、安徽省商务主管部门在北京市签署《深化长三角区域市场一体化商务发展合作协议》。根据该合作协议,上海市、江苏省、浙江省、安徽省商务主管部门将重点在市场规则制度共通、商业基础设施共联、商贸流通

---

① 《"长三角"华侨华人新生代创新创业联盟成立》,载温州市人民政府网,https://www.wenzhou.gov.cn/art/2023/8/26/art_1217832_59218067.html,2024 年 1 月 26 日最后访问。

② 《2023 年长三角创新创业发展联盟大会在安徽天长举行》,载人民网,http://ah.people.com.cn/n2/2023/0830/c227131-40551706.html,2024 年 1 月 26 日最后访问。

体系共享、农产品产销协作共赢、供应链区域合作共促、市场消费环境共建等 6 个方面深化务实合作,推进高水平开放,促进大流通,构建大市场,推动长三角区域市场高效畅通和规模拓展,加快建设更加稳定、公平、透明和可预期的营商环境,为全国统一大市场建设提供有力支持。[①]

2023 年 10 月 17 日,首届长三角县市区高质量一体化发展研讨会在上海市举行。该研讨会聚焦县域经济一体化和现代化发展,致力于推动长三角一体化进程,助力中国式现代化的实现。长三角高端智库联盟 8 家发起单位、3 家增补单位及长三角县市区(科技)产业协同发展联盟单位就长三角产业协同率先实现现代化、长三角高端智库联盟与县市区经济的紧密协作等议题做研讨和交流发言。[②]

2023 年 10 月 18 日,第二十届长三角科技论坛暨 2023 年江苏科技论坛在江苏省常州市溧阳市举办。近 30 位院士与长三角地区有关学会、高校、科研机构、企业代表进行交流研讨,共同为长三角一体化高质量发展汇聚科技创新动能。论坛开幕式上,长三角产业集群学会联合体正式揭牌,浙苏皖沪三省一市科学技术协会发布《长三角"科创中国"试点城市(园区)集群高质量发展倡议书》。之后,中国工程院院士舒印彪、中国工程院院士单忠德、中国科学院院士吴云东做主旨报告。3 位院士分别围绕"'双碳'目标下新型电力系统技术装备创新""智能制造赋能制造强国建设""多肽与蛋白质药物研发",分享学术成

---

① 《长三角区域市场一体化商务发展合作协议在京签署》,载中华人民共和国商务部网,http://www.mofcom.gov.cn/article/xwfb/xwbldhd/202309/20230903437718.shtml,2024 年 1 月 26 日最后访问。

② 《省经济研究院参加首届长三角县市区高质量一体化发展研讨会》,载安徽省发展和改革委员会网,https://fzggw.ah.gov.cn/jgsz/wsdw/sjjyjy/gzdt/148799401.html,2024 年 1 月 26 日最后访问。

果、产学研合作经验，为以高水平科技自立自强支撑长三角一体化高质量发展建言献策。①

2023 年 11 月 9—10 日，由长江流域产权交易共同市场主办、浙江产权交易所承办的 2023 长三角产权交易共同市场建设工作推进会暨党建联席会议在浙江省杭州市召开。来自上海交易集团、江苏省产权交易所、浙江产权交易所、安徽省产权交易中心的领导和部门（平台）相关负责人参会。与会代表审议通过了《长三角产权交易机构交易业务总规程（试行）》《长三角产权交易共同市场评审专家管理办法（试行）》《长三角产权交易共同市场项目推介办法（试行）》等制度文件，为深化重点领域合作、有序推动一体化发展奠定了坚实基础。上述制度文件将由上述 4 家机构先行试用，待条件成熟后逐步推广至长三角地区各产权交易机构。②

2023 年 11 月 30 日，长三角城市经济协调会第二十二次全体会议在浙江省丽水市召开。本届会议以"共担新使命，凝心向未来"为主题，紧扣"一体化"和"高质量"两个关键词，浙苏皖沪三省一市有关部门负责同志等齐聚丽水市，共商合作、共谋发展。围绕会议主题，上海市青浦区、常州市、湖州市、丽水市、黄山市等参与了市长圆桌论坛；浙苏皖沪三省一市民营企业家代表和张謇企业家学院代表进行了企业家圆桌对话；零点有数集团董事长袁岳、阿里云智能科技研究中心主任安筱鹏做了主旨演讲；会议还发布了《长三角城市共同助力革命老区振兴发展倡议》、长三角经营主体发展指数、数字赋能长三角中小企

---

① 《长三角科技论坛在江苏溧阳召开》，载中华人民共和国国家发展和改革委员会网，https://www.ndrc.gov.cn/xwdt/ztzl/cjsjyth1/xwzx/202310/t20231031_1361680.html，2024 年 1 月 26 日最后访问。

② 《2023 长三角产权交易共同市场建设工作推进会召开》，载中国新闻网，https://m.chinanews.com/wap/detail/chs/zw/4162352hcuumfrdf.shtml，2024 年 1 月 26 日最后访问。

业转型成果;各相关方在金融赋能跨区域城市科技创新合作、长三角湿地联盟、长三角民营经济跨区域协同发展联盟城市合作等领域集中签约了一批重大合作事项。会议决定,长三角城市经济协调会第二十三次全体会议将于 2024 年在安徽省滁州市召开。①

2023 年 12 月 7 日,江苏省林业局联合浙皖沪林业部门在江苏省苏州市吴江区举办了长三角一体化林业科技创新联盟共建活动。各相关方在《沪苏浙皖林业部门共同建设长三角一体化林长制改革示范区合作协议》框架下正式建立长三角一体化林业科技创新联盟。浙苏皖沪三省一市林业部门将通过组织联建、活动联办、资源联用、发展联促等一系列方式,以推动实现林业科技基层党组织建设的水平更高、党建与林业科技融合更好、林业科技支撑长三角林业高质量发展能力更强为目标,不断深化浙苏皖沪林业系统科技领域合作,努力建设具有国际影响力的长三角林业科技创新共同体。②

2023 年 12 月 12 日,第三届长三角地区融资担保一体化高质量发展论坛在安徽省合肥市举办。本次论坛聚焦"联盟　联合　联动"主题,各方共同探讨融资担保护航实体经济高质量发展新路径。来自政府部门、融资担保机构、行业协会的代表参加了本次活动。会上,浙苏皖沪三省一市省级融资担保、再担保机构共同发布了《长三角融资担保联盟共同宣言》。③

---

① 《省合作交流办参加长三角城市经济协调会第二十二次会议》,载安徽省发展和改革委员会网,https://fzggw.ah.gov.cn/jgsz/wsdw/shzjlbgs/hzjl/148948751.html,2024 年 1 月 26 日最后访问。

② 《沪苏浙皖林业部门建立长三角一体化林业科技创新联盟》,载江苏省林业局网,http://lyj.jiangsu.gov.cn/art/2023/12/11/art_7197_11095394.html,2024 年 1 月 26 日最后访问。

③ 《第三届长三角地区融资担保一体化高质量发展论坛在合肥举办》,载新华网,http://www.ah.news.cn/20231214/2cd672e9c44440589aa04c1d5bf7e8d6/c.html,2024 年 1 月 26 日最后访问。

(二)"三级运作"区域合作机制

1.主要领导座谈会

2023 年 6 月 5—6 日,2023 年度长三角地区主要领导座谈会在安徽省合肥市举行。上海市委书记陈吉宁,上海市委副书记、市长龚正;江苏省委书记信长星,江苏省委副书记、省长许昆林;浙江省委书记易炼红,浙江省委副书记、省长王浩;安徽省委书记韩俊,安徽省委副书记、省长王清宪;国家发展和改革委员会有关负责同志和浙苏皖沪三省一市常务副省(市)长,党委、政府秘书长出席会议。会议审议并原则上通过了《长三角区域一体化发展 2023 年度工作计划》,重点就高水平科技自立自强、加快构建现代化产业体系、推进高水平对外开放、深入践行绿色发展理念、坚定不移增进民生福祉、促进区域协调发展、强化制度改革创新集成、健全完善多层级多领域推进机制等方面进行了深入讨论,明确了长三角更高质量一体化发展若干重大事项。会议决定,2024 年度长三角地区主要领导座谈会将在浙江省召开。①

2.长三角地区合作与发展联席会议

2023 年 4 月 19 日,安徽省发展和改革委员会(省长三角办)牵头组织召开了 2023 年度长三角地区合作与发展联席办会议。安徽省发展改革委党组成员、副主任钟岚主持会议,长三角区域合作办公室、三

---

① 《2023 年度长三角地区主要领导座谈会在安徽合肥举行》,载江苏省发展和改革委员会网,http://fzggw.jiangsu.gov.cn/art/2023/6/9/art_280_10921258.html,2024 年 1 月 26 日最后访问。

省一市长三角合作与发展联席会议办公室、合肥市发展和改革委员会的负责同志参加会议。会议通报了主要领导座谈会筹备工作进展情况，共同讨论了主要领导座谈会总体方案、主题议题、高层论坛暨签约发布（揭牌上线）事项、会议纪要，以及长三角区域一体化发展2023年度工作计划、座谈会宣传片脚本、座谈会宣传展板方案等。会议指出，2023年是全面贯彻党的二十大精神的开局之年，是长三角一体化发展上升为国家战略5周年，也是习近平总书记在合肥市主持召开扎实推进长三角一体化发展座谈会3周年，办好主要领导座谈会意义重大。与会同志表示要进一步加大沟通协调力度，加快推进主要领导座谈会的各项工作，以确保座谈会高质量举办。①

2023年12月13日，安徽省发展改革委党组成员、副主任钟岚在安徽省宣城市广德市主持召开长三角地区合作与发展联席会议办公室会议。长三角区域合作办公室、三省一市长三角合作与发展联席会议办公室的负责同志，三省一市发展和改革委员会长三角有关处室负责同志参加了会议。会议传达和学习了习近平总书记在深入推进长三角一体化发展座谈会上的重要讲话精神。安徽省发展和改革委员会（省长三角办）汇报了2023年度轮值工作情况及长三角地区合作与发展联席会议、皖北结对合作帮扶现场会的有关考虑，上海市发展和改革委员会长三角一体化发展处汇报了专题合作组优化调整建议方案，浙江省发展和改革委员会长三角一体化发展处汇报了2024年长三角地区主要领导座谈会筹备情况，三省一市有关负责同志进行了讨论交流。会议指出，时隔3年，习近平总书记再次召开长三角一体化

---

① 《长三角地区合作与发展联席办会议在合肥召开》，载安徽省发展和改革委员会网，https://fzggw.ah.gov.cn/ywdt/ztzl/zsjythzhxxglfwpt/dtzx/148042981.html，2024年1月26日最后访问。

发展座谈会,为深入推进长三角一体化发展指明了方向,提供了根本遵循。①

2023年12月28日,长三角地区合作与发展联席会议暨结对合作帮扶工作推进会在安徽省宿州市召开。会议总结了2023年长三角一体化发展及结对合作帮扶工作的情况,讨论了2024年工作安排。浙苏皖沪三省一市政府相关负责人和国家发展和改革委员会区域司负责同志出席会议并讲话。会议强调,2023年以来,三省一市深入贯彻习近平总书记关于长三角一体化发展的一系列重要讲话重要指示,按照长三角地区主要领导座谈会要求,扎实推进重点区域、重点领域一体化工作,紧抓重大合作事项落地,共同举办系列重大活动,并取得了明显成效;认真学习贯彻习近平总书记在深入推进长三角一体化发展座谈会上的重要讲话精神,坚持深化改革开放,深入实施创新驱动发展战略,扎实推进基础设施互联互通、生态环境共保联治、公共服务便利共享,推动一体化发展向纵深迈进;着力提升苏浙沪城市结对合作帮扶皖北城市质效,进一步聚焦产业合作,持续做强园区平台建设,拓展民生等多领域合作,共同努力打造跨区域共建共享的示范典范。②

3.联席会议办公室和重点专题组

(1)联席会议

2023年3月9日,2023年长三角公共机构节能工作联席会在上海市召开。会议宣布成立"长三角公共机构绿色发展开发者联盟"。

---

① 《2023年长三角地区合作与发展联席会议办公室会议召开》,载安徽省发展和改革委员会网,https://fzggw.ah.gov.cn/ywdt/fgyw/148998011.html,2024年1月26日最后访问。
② 《长三角地区合作与发展联席会议暨结对合作帮扶工作推进会召开》,载安徽省人民政府网,https://www.ah.gov.cn/zwyw/jryw/564292421.html,2024年1月26日最后访问。

会议还发布了《长三角生态绿色一体化发展示范区公共机构绿色低碳循环发展建设指标体系》和长三角公共机构节能 2023 年工作事项清单,旨在进一步深化区域分工合作,聚焦战略协同、标准建设、专题研究等方面,持续发力,拓展绿色发展新空间。①

2023 年 4 月 3 日,长三角一体化气象宣传工作联席会议在浙江省绍兴市举行。在强调长三角一体化气象宣传工作创新成果的基础上,研讨会探索和建立了区域气象宣传科普工作“主动、互动、联动”机制,以适应华东区域气象中心(华东区域人工影响天气中心)暨太湖流域气象中心调整优化新需求。与会代表提出,需要逐步扩大长三角一体化宣传联盟“朋友圈”,把创新成果、制度优势宣传辐射到太湖流域、华东区域,探索和建立流域、区域气象宣传的主动、互动、联动机制,充分发挥好一体化气象宣传工作促进气象业务服务区域协调发展的催化剂作用,助力区域气象高质量发展。②

2023 年 4 月 13 日,2023 年长三角文化和旅游联盟联席会议在上海市召开。浙苏皖沪文化和旅游部门围绕“奋力推进中国式现代化 打造文旅一体化新样本”,共商交流合作,共谋携手发展。值此长三角文化和旅游联盟成立 5 周年之际,三省一市文旅部门共同签署《长三角文化和旅游一体化高质量发展 2023 浦江宣言》《长江三角洲区域文化市场综合行政执法合作协议》,开启合作发展的新篇章。会上,六安市、淮北市文旅部门与上海铁路国际旅游(集团)有限公司、上海久事旅游(集团)有限公司、上海春秋国际旅游社(集团)有限公司等签署

---

① 《上海:召开 2023 年长三角公共机构节能工作联席会》,载国家机关事务管理局网,http://www.ggj.gov.cn/xwzx/dfjgswdt/202303/t20230322_42550.htm,2024 年 1 月 26 日最后访问。

② 《2023 年长三角一体化气象宣传联席会议召开 探索区域宣传科普主动互动联动机制》,载中国气象局网,https://www.cma.gov.cn/2011xwzx/ywfw/202304/t20230413_5435380.html,2024 年 1 月 26 日最后访问。

《上海假日列车"乐游长三角"旅游专列合作协议》。①

2023 年 4 月 25 日，2023 年度长三角地区常务副省（市）长碰头会以视频形式召开。安徽省委常委、常务副省长费高云主持会议，上海市委常委、常务副市长吴清，江苏省委常委、常务副省长马欣，浙江省委常委、常务副省长徐文光出席会议并讲话。会议听取了 2023 年度长三角地区主要领导座谈会建议方案及筹备工作进展、长三角一体化发展工作进展情况和下一步工作安排、各领域专题合作开展情况和下一步工作安排情况的汇报，研究和讨论了主要领导座谈会总体方案、重大活动安排等重要事项。②

2023 年 4 月 28 日，上海市青浦区、江苏省苏州市吴江区、浙江省嘉兴市嘉善县三地政协在青浦知道书院召开长三角一体化示范区政协主席联席会议。上海市青浦区政协主席曹卫东、政协副主席徐孝芳，江苏省苏州市吴江区政协主席李斌、政协副主席沈卫芳，浙江省嘉兴市嘉善县政协主席顾新宇、政协副主席郁晓凡等出席会议。会上，青吴嘉三地政协共同商议了长三角一体化示范区政协（青吴嘉）2023年联动履职项目计划，明确了年内五大联动履职项目，包括：举办示范区政协委员大讲堂，以共学联学推进党的二十大精神在示范区政协系统全面贯彻落实；开展"聚焦生态绿色，携手共同富裕"联合调研，共话生态绿色、共同富裕；紧扣生态绿色，围绕示范区生态环境建设相关议题，开展联动民主监督；组织三地企业家委员沙龙活动；筹建长三角一

---

① 《2023 年长三角文化和旅游联盟联席会议召开》，载中华人民共和国文化和旅游部网，ht-tps://www.mct.gov.cn/whzx/qgwhxxlb/ah/202304/t20230417_943112.htm，2024 年 1 月 26 日最后访问。

② 《省发展改革委参加 2023 年度长三角地区常务副省（市）长碰头会》，载安徽省发展和改革委员会网，https://fzggw.ah.gov.cn/ywdt/fgyw/148056421.html，2024 年 1 月 26 日最后访问。

体化示范区政协书画院,推进三地文化交流活动等。①

2023 年 5 月 12 日,以"深化协同监管,共谋创新发展"为主题的长三角区域化妆品监管协作首次联席会议在上海市召开。会议旨在积极推动构建化妆品区域监管协作体系,共同提高区域内化妆品监管效能。国家药品监督管理局化妆品监管司副司长戚柳彬出席会议,上海市药品监督管理局党组书记、局长徐徕致辞。会上,相关省市药品监督管理局共同签署了《长江三角洲区域化妆品监管协作备忘录》。与会代表围绕化妆品生产质量管理检查标准及监管尺度、化妆品备案有关的过渡期管理工作、牙膏监管的研究与思考、化妆品抽检及后处置协作机制等议题开展对话交流和经验分享。会议研究和讨论了区域药品监管部门 2023—2024 年合作项目,确定了浙江省药品监督管理局为 2024 年联席会议的主办方。②

2023 年 5 月 24—25 日,长三角审计机关工作协同机制第三次联席会议在浙江省嘉兴市桐乡市召开。上海市审计局、江苏省审计厅、浙江省审计厅、安徽省审计厅,以及南京市审计局、杭州市审计局、合肥市审计局、上海市青浦区审计局主要负责同志出席会议,审计署驻上海特派办、审计署驻南京特派办、南京审计大学有关同志到会指导。会议指出,2023 年是全面贯彻党的二十大精神的开局之年,也是长三角一体化发展上升为国家战略 5 周年,要以学习贯彻习近平新时代中国特色社会主义思想主题教育为契机,深入贯彻二十届中央审计委员会第一次会议精神,以有力有效审计监督,助力中国式现代化的长三

---

① 《长三角一体化示范区政协主席联席会议在青召开》,载长三角示范区政协网,http://pcc. shqp.gov.cn/pcc/zxdt/20230505/1115650.html,2024 年 1 月 26 日最后访问。

② 《长三角区域化妆品监管协作首次联席会议在沪召开》,载上海市人民政府网,https://www.shanghai.gov.cn/nw31406/20230512/8d325728e66b47b8ae9e7e0f71954e6c.html,2024 年 1 月 26 日最后访问。

角实践。会议强调，要强化政治机关意识，准确把握长三角一体化审计的政治属性；立足经济监督定位，着力提升长三角一体化审计的工作质效；着眼长远发展格局，努力推进长三角一体化审计成果权威高效运用。①

2023 年 5 月 30—31 日，以"扎实推进国企改革深化提升行动、助力推动长三角一体化发展"为主题的第四届长三角地区国资国企联席会议在江苏省盐城市大丰区召开。会上，浙苏皖沪三省一市国有企业集中签约了 31 个战略合作协议和重大项目。项目投资主要涉及基础设施建设、生物医药、现代服务、金融等领域。其中，安徽国有企业签约项目数量最多，为 11 个。②

2023 年 6 月 1 日，虹桥国际开放枢纽市、区、县人大工作协同协作联席会议在上海市闵行区召开。会上，上海市闵行区、长宁区、嘉定区、松江区、金山区，江苏省昆山市、太仓市、苏州市相城区，浙江省嘉兴市南湖区、海宁市、平湖市、海盐县等 13 个来自虹桥国际开放枢纽区域内的市、区县人大签署了《关于建立虹桥国际开放枢纽市、区县人大工作协同协作机制的协议》，并通过了协同协作近期工作要点。据介绍，该协议将围绕开放枢纽建设重大事项、拓展区域能级品质内涵、发展全过程人民民主、提升人大代表工作能力等方面开展协同协作，旨在推动改革措施落地见效，实现地区人大工作质效提升。③

---

① 《范飞局长参加长三角审计机关工作协同机制第三次联席会议》，载杭州市审计局网，http://sj. hangzhou. gov. cn/art/2023/5/30/art_1589323_58894990. html，2024 年 1 月 26 日最后访问。

② 《第四届长三角地区国资国企联席会议召开》，载上海市人民政府网，https://www. shang-hai. gov. cn/nw31406/20230606/746500d3104340f2bc3e7784712f4c43. html，2024 年 1 月 26 日最后访问。

③ 《助推虹桥国际开放枢纽建设　沪苏浙十三地人大签署协议》，载上海市人民政府网，ht-tps://www. shanghai. gov. cn/nw4411/20230602/5e5b11ace52944179d8dce4bd29effc1. html，2024 年 1 月 26 日最后访问。

2023 年 6 月 6 日,2023 年长三角区域食品安全联席会议在安徽省宣城市郎溪县召开。上海市、江苏省、浙江省、安徽省市场监督管理局相关负责人出席会议。与会人员交流了长三角地区食品安全工作情况,研究并确定了《2023 年长三角区域食品安全合作工作计划》,研讨了《长三角地区食品安全应急协作框架协议》(讨论稿)。会议指出,加强长三角区域食品安全区域协作工作是推进长三角一体化在食品安全领域落地落实的创新之举,是区域性三省一市治理能力提升的迫切需要,要从讲政治的高度抓好区域协调工作。①

2023 年 6 月 15 日,首届长三角区域港航发展联席会议在上海市召开。会上,三省一市港航管理部门结合实际交流了长三角区域一体化发展上升为国家战略以来港航一体化发展的做法与经验,交流了下阶段的合作意向,签署了《长三角区域港航发展联席会议机制框架协议》,建立了常态化交流合作新机制。此举标志着长三角区域港航一体化发展迈出了重要而坚实的一步。②

2023 年 8 月 8 日,长三角一体化示范区税收司法精诚共治联席会议在浙江省嘉兴市嘉善县召开。青吴嘉三地法院、检察院、税务局主要领导、分管领导及相关科室负责人参加了会议。会上,上海市青浦区、江苏省苏州市吴江区、浙江省嘉兴市嘉善县三地法院、检察院、税务局共同签署并发布了《关于深化长三角生态绿色一体化发展示范区司法执行与税费征缴协作的实施意见》。该意见主要围绕司法执行涉税事项合作,明确了优化优惠退税、执行款项分配、欠税(费)协作征

---

① 《2023 年长三角区域食品安全联席会议在郎溪召开》,载法治网,http://www.legaldaily.com.cn/Food_Safety/content/2023-06/06/content_8862179.html,2024 年 1 月 26 日最后访问。

② 《擘画新蓝图,肇启新篇章——首届长三角区域港航发展联席会议在沪召开》,载上海市交通委员会网,https://jtw.sh.gov.cn/tpxw/20230619/441536768117404e8dfa0f1d51c988d7.html,2024 年 1 月 26 日最后访问。

缴、不动产税费测算、个案受偿等合作事项，旨在促进财产处置高效运行，维护税费征缴秩序，保障当事人合法权益，深化司法执行与税费征缴协作，继续打造区域协作新样本。①

2023 年 10 月 12 日，长三角人才一体化发展城市联盟第六次联席会议在上海市青浦区召开。青浦区委副书记、区委人才工作领导小组常务副组长张权权，青浦区委常委、组织部部长、区委人才办主任李方明，上海市委组织部人才工作处、长三角生态绿色一体化发展示范区执委会，以及长三角人才一体化发展城市联盟的 26 个城市的人才工作相关负责人等参加了会议。会议审议通过了《长三角人才发展友好型城市建设倡议》，确定了长三角人才一体化发展城市联盟引才大使名单，进行了新一批长三角人才服务驿站的认定，完成了轮值城市换届事宜。此外，长三角人才一体化发展城市联盟新设立了 2 个子联盟，即长三角海外高层次人才发展联盟和长三角海外名校创新创业联盟。②

2023 年 11 月 7—8 日，第七次长三角地区政协主席联席会议在安徽省黄山市召开。安徽省政协主席唐良智主持。上海市政协副主席陈群，江苏省政协副主席杨岳，浙江省政协副主席王昌荣，安徽省政协副主席郑宏、郑永飞出席。会议听取了长三角区域一体化发展的有关情况介绍，以及 2023 年度长三角地区政协开展联合调研、联动民主监督、委员联合视察活动情况的介绍；审议通过了长三角地区政协"推动长三角地区自贸试验区合作发展"联合调研总报告、"推进长三角地区

---

① 《青吴嘉法检税九部门共签示范区司法执行与税费征缴协作实施意见》，载苏州市吴江区人民法院网，http://wjq.szwjfy.gov.cn/article/detail/2023/08/id/7466820.shtml，2024 年 1 月 26 日最后访问。

② 《长三角人才一体化发展城市联盟第六次联席会议在青浦召开》，载上海市青浦区人民政府网，https://www.shqp.gov.cn/shqp/zwhd/20231013/1142438.html，2024 年 1 月 26 日最后访问。

基本公共服务均等化建设情况"联动民主监督总报告、"抓好以长江和太湖为重点的水环境综合治理"委员联合视察活动报告、2024年度开展联动履职总体方案,以及第八次长三角地区政协主席联席会议相关事宜。会议决定,2024年第八次长三角地区政协主席联席会议由浙江省政协主办。①

2023年11月15—17日,长三角"六市一区"政协主席第五次联席会议在浙江省宁波市举行。宁波市、合肥市、南通市、盐城市、湖州市、绍兴市和上海市徐汇区的政协代表齐聚一堂,为"建设长三角国际一流营商环境"建言献策。会上,"六市一区"的政协负责人做主旨发言,分别从完善涉企政策服务、优化产业链生态、打造一流政务环境、弘扬优秀企业家精神、加强政企沟通互动、提升民主协商质效、强化知识产权保护等角度建言一体化营商环境建设,并分享了各地助推营商环境持续优化的主要成效和经验做法。会议就合力助推"建设长三角国际一流营商环境"达成共识,并审议通过了倡议书。该倡议书表示,"六市一区"政协将发挥专门协商机构作用,助力共建公平法治市场、构建数字政务一体化、推动产业链创新发展、完善涉企政策服务、弘扬优秀企业家精神、强化知识产权保护等工作;积极推动联席会议制度的成熟和定型,不断提升协商监督的质量和成效,以更加协同并进的联动履职方式,积极助力打造长三角地区最优秀的营商环境。②

2023年11月20日,长三角"一地六县"主要负责同志联席会议在安徽省宣城市广德市召开,"一地六县(市)"(上海市白茅岭农场及江

---

① 《第七次长三角地区政协主席联席会议在黄山召开》,载安徽省乡村振兴局网,https://xc-zxj.ah.gov.cn/ztzl/zt/dzxxhsz/8788799.html,2024年1月26日最后访问。

② 《长三角"六市一区"政协主席联席会议举行》,载宁波市人民政府网,http://www.ningbo.gov.cn/art/2023/11/18/art_1229099763_59470865.html,2024年1月26日最后访问。

苏省宜兴市、溧阳市，浙江省湖州市长兴县、安吉县，安徽省广德市、宣城市郎溪县）相关负责人参加会议。活动现场，相关代表共同签署了《2023 年长三角"一地六县"区域合作·协同创新框架协议》《2023 年长三角"一地六县"产业合作发展协议》和《2023 年长三角"一地六县"党建引领乡村振兴区域合作协议》。①

2023 年 11 月 21 日，2023 年度长三角区域交通运输联合执法监管工作联席会议在上海市召开。交通运输部法制司、上海市交通委员会及执法总队、江苏省交通运输综合行政执法监督局、浙江省公路与运输管理中心、安徽省交通运输综合执法监督局及上海市青浦区、金山区、嘉定区，浙江省嘉兴市嘉善县与安徽省滁州市的交通运输综合执法机构和行业管理部门相关负责人参加了会议。会上，首批挂牌命名的 13 个长三角区域交通运输联合执法协作示范点举行了授牌仪式。随后，来自三省一市的交通运输执法机构就道路运输执法监管、超限治理、船舶污染防治、数字化转型等议题做了分享和交流。会议决定，2024 年度长三角区域交通运输联合执法监管工作联席会议将在安徽省召开。②

2023 年 11 月 30 日，第五届长三角地区国资国企联席会议在安徽省宣城市召开。会议指出，自首届联席会议以来，浙苏皖沪三省一市国资国企秉持"规划一张图、创新一张网、产业一台戏、企业一家亲"的理念，推动合作机制逐步完善，产业合作不断深入，基础设施互联互通，能源合作持续深化，资本合作更加活跃，产权市场加速一体

---

① 《长三角"一地六县"主要负责同志联席会议召开》，载安徽省人民政府网，https://www.ah.gov.cn/zwyw/ztzl/zstjzsjythfz/ythzc/564280201.html，2024 年 1 月 26 日最后访问。

② 《2023 年度长三角区域交通运输联合执法监管工作联席会议在上海召开》，载上海市交通委员会网，https://jtw.sh.gov.cn/tpxw/20231127/8c10031baa474e92a8241c7426011b1b.html，2024 年 1 月 26 日最后访问。

化，为长三角一体化发展助力。会议强调，面对新形势新变化，长三角国资国企要牢牢把握新使命，共同探索新一轮国企改革的"长三角实践"，以提高核心竞争力、增强核心功能为重点，着力发挥国有企业科技创新、产业控制、安全支撑作用，为服务"国之所需""长三角一体化发展所需"贡献国资国企力量。会上，三省一市8家企业做交流发言。①

2023年12月7日，G60科创走廊九市（区）和南京市林业主管部门联席会议在浙江省杭州市举行。上海市松江区、南京市、苏州市、杭州市、湖州市、嘉兴市、金华市、合肥市、芜湖市、宣城市等市（区）林业主管部门负责人齐聚杭州市，共同描绘长三角湿地与城市和谐发展的宏伟蓝图，会议签署了《打造G60＋湿地城市，构建绿色生态共同体杭州宣言》。②

2023年12月27日，长三角四省（市）港口集团联席会议筹备工作会议在上海市召开，上海组合港管理委员会办公室主任谢群威主持会议并讲话。长三角地区三省一市交通运输部门和主要港口企业、行业协会相关负责同志参加会议。会议听取了联席会议筹备工作汇报，审议了《长三角四省（市）港口集团联席会议工作规则》（讨论稿），并就健全和强化"长三角四省（市）港口集团会商机制"的下一步重点工作进行讨论。会议强调，长三角港口群是我国港口分布最密集、吞吐量最大的港口群，也是长三角区域经济发展的关键支撑，党中央、国务院一

---

① 《勇担新使命　展现新作为　第五届长三角地区国资国企联席会议在安徽宣城召开》，载安徽省人民政府国有资产监督管理委员会网，http://gzw.ah.gov.cn/ztzl/zt/srxxxcgcxjpzsjkcahhzhfzczkzstjzsjythfzzth/gzdt/57010631.html，2024年1月26日最后访问。

② 《长三角10地市林业部门齐聚杭州签署杭州宣言》，载嘉兴市长三角一体化发展办公室网，https://csjfzb.jiaxing.gov.cn/art/2023/12/28/art_1601416_58933607.html，2024年1月26日最后访问。

直高度重视世界级港口群更高质量一体化发展。①

(2)重点专题组

交通专题合作组。2023 年 10 月 31 日,长三角三省一市交通运输部门分管负责人工作会议在江苏省扬州市召开。会议总结和交流了 2023 年以来长三角地区交通一体化工作进展情况,沟通了省际合作协调事项,研究部署了下阶段工作。会议通报了《长三角地区省际交通互联互通建设合作协议(2023—2025 年)》《长三角地区严重违法失信超限超载运输对象名单联合整治备忘录》《长三角省级综合交通运输调度和应急指挥机制合作协议》的执行情况,介绍了"十四五"规划中期评估阶段性成果和浙苏皖沪三省一市交通运输部门主要负责人座谈会筹备方案,交流讨论了长三角交通一体化发展中省际合作协调事项和热点难点问题,要求充分发挥交通专题组合作机制,研究和梳理省际协调事项任务清单,以清单化推动责任落实。②

信息化专题组。2023 年 4 月 4 日,长三角一体化信息化专题组座谈会在浙江省杭州市召开。会议围绕浙苏皖沪三省一市信息化专题组 2022 年工作总结、2023 年工作要点和重点工作清单,以及长三角"5G＋工业互联网"大赛举办方案等展开深入交流和讨论。浙江省、江苏省、安徽省和上海市经(工)信主管部门相关处室负责人,以及浙江省数字经济发展中心、浙江省企业信息化促进会和浙江省图灵互联网研究院等机构相关人员参加了座谈会。浙江省经信厅云计算与大数据产业处二级调研员祝健从共建新一代泛在融合数字基础设施体

---

① 《长三角四省(市)港口集团联席会议筹备工作会议召开》,载新华网,http://www.news.cn/politics/20231229/69c5a400082948089a911dfba73e5e3b/c.html,2024 年 1 月 26 日最后访问。

② 《2023 年度长三角三省一市交通部门分管负责人工作会议在扬州召开》,载浙江省交通运输厅网,http://jtyst.zj.gov.cn/art/2023/11/3/art_1676891_59034718.html,2024 年 1 月 26 日最后访问。

系、共创产业数字化转型新高地、协力激发数据要素价值潜力和持续深化高水准交流合作等 4 个方面对信息化专题组 2023 年工作要点及重点工作清单(征求意见稿)做了详细介绍,上海市、江苏省、安徽省相关人员分别对工作要点提出修改建议,为高质量推进信息化专题组工作建言献策。浙江省图灵互联网研究院院长傅正介绍了首届长三角"5G＋工业互联网"大赛举办方案。①

科技创新专题合作组。2023 年 5 月 5—6 日,推进 G60 科创走廊建设专责小组专题会议、长三角科技创新共同体工作专班暨长三角科技创新专题合作组 2023 年第二季度工作会议相继在安徽省芜湖市召开。科技部战略规划司创新战略与决策支撑处负责同志出席并主持会议。浙苏皖沪三省一市科技厅(委)分管负责同志及相关处室(单位)负责人、G60 科创走廊 9 个城市分管负责同志及科技部门、G60 科创走廊联席办、长三角科创共同体工作专班秘书处相关负责人等参加会议。安徽省科技厅党组成员、副厅长武海峰出席会议并做交流发言。在推进 G60 科创走廊建设专责小组专题会议上,G60 科创走廊联席办汇报了 2023 年重点工作推进及相关工作方案起草情况。会议讨论完善了相关工作方案。浙苏皖沪三省一市科技厅(委)分管负责同志围绕加强科技开放合作、协同推进成果转化应用、推动创新链产业链融合协作、健全完善协同联动机制等进行了交流。②

信用体系专题组。2023 年 8 月 29 日,长三角区域信用体系专题组第 36 次例会在安徽省黄山市歙县召开。安徽省经济信息中心党委

① 《长三角一体化信息化专题组座谈会在杭州召开》,载浙江省企业信息化促进会网,https://www.zjcio.org/arc/6787.html,2024 年 1 月 26 日最后访问。

② 《G60 科创走廊建设及长三角科技创新共同体工作会议在安徽芜湖召开》,载中华人民共和国科学技术部网,https://www.most.gov.cn/dfkj/ah/zxdt/202305/t20230510_185826.html,2024 年 1 月 26 日最后访问。

书记、主任刘文峰主持会议，浙苏皖沪三省一市信用办、信用中心、税务部门负责同志，文化旅游、生态环境、食品安全、药品安全、产品质量和交通运输等重点合作领域相关部门信用建设牵头处室负责同志，黄山市人民政府副秘书长，黄山市发展和改革委员会和歙县发展和改革委员会负责同志参加会议。会上，浙苏皖沪三省一市税务、信用部门共同签署了《长江三角洲区域"纳税信用绿卡"联合激励合作备忘录》，共同决定在长三角区域推广安徽省首创的"纳税信用绿卡"守信激励措施，联合为 A 级纳税人提供多项增信增值服务。会议对《长三角区域公共信用信息补充目录》（征求意见稿）等进行了研究讨论。①

环保专题合作组。2023 年 6 月 6 日，长三角区域生态环境保护协作小组第三次工作会议在安徽省合肥市召开。浙苏皖沪三省一市生态环境部门联合发布了《长三角区域应对气候变化行动报告》（2023 版）、《长三角生态绿色一体化发展示范区生态环境质量报告（2022 年）》，共同签署了《协同推进长三角区域生态环境数据共享合作备忘录》《建立长三角区域社会生态环境监测机构环保信用监管信息共享机制备忘录》。上海市生态环境部门和江苏省生态环境部门共同签署了《沪苏交界地区跨界河湖共保联治备忘录》。江苏省生态环境部门和安徽省生态环境部门共同签署了《苏皖交界地区跨界河湖共保联治备忘录》。浙江省生态环境部门和安徽省生态环境部门共同签署了《浙皖"2＋5"交界地区大气污染联防联控工作备忘录》。浙苏皖沪三省一市农业农村部门共同签署了《长三角区域外来物种入侵联防联控机制建设工作备忘录》。浙苏皖沪三省一市交通运输部门和上海组合

---

① 《长三角区域信用体系专题组第 36 次例会在安徽歙县顺利召开》，载上海市崇明区人民政府网，https://www.shcm.gov.cn/ztzl/009005/009005001/009005001001/20230927/141290fd8946-43df-a072-f80f4de42468.html，2024 年 1 月 26 日最后访问。

港管理委员会办公室共同签署了《协同推进长三角港航低碳转型发展战略合作协议》。①

应急管理专题合作组。2023 年 8 月 24 日，长三角应急管理合作专题工作会议在安徽省六安市金寨县召开。安徽省应急管理厅党委委员、副厅长白中华主持会议，金寨县委副书记、县长张洞出席会议并致辞，浙苏皖沪三省一市应急管理、地震部门分管负责同志和长三角区域合作办相关处室负责人参加会议。会议指出，2023 年以来，长三角应急管理专题合作组坚持以党的二十大精神为指引，以新安全格局保障新发展格局，以高水平安全保障高质量发展，紧扣"一体化"和"高质量"两个关键词，巩固完善专题合作机制，积极强化年度合作事项落实落地。会议印发了《三省一市应急物资协同保障机制协议》，制定了《长三角区域应急管理部门安全生产信用联合激励惩戒合作框架协议》。近几年，长三角地区举办了第二届长三角国际应急减灾博览会，开展了长三角水上突发事件应急演练、长三角地区防汛防台风联合演练、森林防灭火联合督导等活动，推动建立了长三角安全发展与应急管理研究联盟，有效地提升了长三角应急协同保障能力。②

金融专题合作组。2023 年 10 月 18 日，2023 年长三角地方金融监管局局长圆桌会议在安徽省合肥市召开。浙苏皖沪三省一市地方金融监管局领导出席会议。会议对长三角区域金融合作情况进行了全面总结。自长三角一体化发展上升为国家战略以来，浙苏皖沪三省一市地方金融监管局坚持以习近平新时代中国特色社会主义思想为

---

① 《长三角区域生态环境保护协作小组第三次工作会议召开》，载中华人民共和国生态环境部网，https://www.mee.gov.cn/ywdt/hjywnews/202306/t20230608_1033134.shtml，2024 年 1 月 26 日最后访问。

② 《长三角应急管理合作专题工作会议在六安市金寨县召开》，载安徽省应急管理厅网，https://yjt.ah.gov.cn/xwdt/gzdt/148622231.html，2024 年 1 月 26 日最后访问。

指导,在金融支持实体经济发展、助力科技创新、推动区域协调发展等方面取得了明显成效,金融领域合作日益深化。会议代表认为,2023年是全面贯彻落实党的二十大精神的开局之年,是实施"十四五"规划承前启后的关键一年,也是长三角一体化发展上升为国家重大战略5周年。三省一市地方金融监管部门要聚焦打破行政壁垒、提高政策协同,进一步积极沟通、密切合作、各取所需、各展所长,推进金融要素在更大范围畅通流动。会议就金融信息共享、协同推进科创金融改革、区域性股权市场联动和区域风险防控一体化等事项达成初步共识,并决定下一步将共同落实金融一体化举措,为长三角高质量发展贡献金融力量。①

(三)长三角区域合作办公室

2023年10月17日,首届长三角县市区高质量一体化发展研讨会在上海市普陀区举行。长三角区域合作办公室综合组、江苏组、浙江组、安徽组的相关代表,上海市发展和改革委员会长三角一体化发展处的领导、智库专家,清华大学、上海清华国际创新中心相关负责人,以及三省一市各市、区县代表参加了此次会议。这次研讨会旨在促进长三角地区不同县市区间的合作与发展,共同探讨高质量一体化发展的路径和策略。②

---

① 《2023年长三角地方金融监管局局长圆桌会议在肥召开》,载中共安徽省委金融委员会办公室　中共安徽省委金融工作委员会　安徽省地方金融管理局网,http://ahjr.ah.gov.cn/public/6595751/8787968.html,2024年1月26日最后访问。

② 《长三角智库齐聚普陀,共探创新助推中国式现代化》,载上海市人民政府网,https://www.shanghai.gov.cn/nw15343/20231018/b1ad2ded1b204bed8c4f3c77f1db9296.html,2024年1月26日最后访问。

2023 年 10 月 26 日,由长三角区域合作办公室指导、浙苏皖沪三省一市社会科学院联合主办的长三角一体化发展上升为国家战略五周年研讨会暨 2023 长三角一体化高质量发展论坛在上海市举行。该会以"共创中国式现代化的长三角样本"为主题,聚焦长三角地区过去 5 年在全面贯彻落实国家战略、积极探索中国式现代化建设有效路径等方面的经验。与会者从理论和实践两个层面展开深入研讨,旨在推动长三角地区在现代化道路上的进一步探索和创新。[①]

---

① 《沪苏浙皖四地社科院联合主办长三角一体化发展上升为国家战略五周年研讨会》,载上海社会科学院网,https://www.sass.org.cn/2023/1030/c1198a556372/page.htm,2024 年 1 月 26 日最后访问。

三、长三角法治发展中的权力机关

(一)长三角人大合(协)作机制

1.长三角地区人大常委会主任座谈会

2023 年 6 月 2 日,长三角地区三省一市人大常委会秘书长座谈会以视频会议形式召开,浙苏皖沪三省一市人大常委会秘书长和相关副秘书长、(省)市委厅室负责同志出席会议。江苏省人大常委会秘书长陈建刚主持会议。会上,上海市、浙江省、安徽省人大常委会秘书长围绕主任座谈会准备工作和协作重点工作计划做交流发言。江苏省人大常委会办公厅负责同志通报了 2023 年度长三角地区人大常委会主任座谈会建议方案和年度协作重点工作计划建议方案。①

2023 年 6 月 14—15 日,长三角地区三省一市人大常委会主任座谈会在江苏省扬州市举行。根据《2023 年度长三角地区三省一市人

---

① 《长三角地区三省一市人大常委会秘书长视频协调会召开》,载江苏省人民代表大会常务委员会网,http://www.jsrd.gov.cn/xwzx/rdyw/202306/t20230602_553306.shtml,2024 年 1 月 26 日最后访问。

大常委会协作重点工作计划（草案）》，2023 年协同立法项目拟安排 6件，分别由浙苏皖沪三省一市人大常委会牵头实施。2023 年，协同立法项目将围绕协同立法、共同调研、协同修改相关法规等方面推进。上海市人大牵头，江苏省人大、浙江省人大、安徽省人大将总结长三角生态绿色一体化发展示范区设立以来的改革创新经验，制定《促进长三角生态绿色一体化发展示范区高质量发展条例》（暂定名），力图通过立法解决制约示范区发展的重点难点问题，进一步打开发展空间。同时，自长三角生态绿色一体化发展示范区成立以来，在管理体制、执法机制、行政审批制度改革等方面取得的许多创新和成果有必要通过立法予以固化提升。①

2. 长三角地区人大专门委员会合（协）作

2023 年 10 月 10—12 日，长三角地区三省一市人大城建环资工作协作座谈会在上海市召开。会议深入贯彻习近平总书记关于长三角一体化发展的一系列重要讲话重要指示，按照长三角地区主要领导座谈会、三省一市人大常委会主任座谈会达成的协作共识，三省一市人大围绕 2023 年度城建环资领域协作合作事项的进展情况和特色经验进行了沟通交流，就加强人大城建环资工作协作联动提出了意见和建议，并共同签署了《长三角地区三省一市人大城建环资工作协作座谈会（上海）备忘录》。②

2023 年 10 月 26—27 日，长三角地区人大财经工作座谈会在上海

---

① 《紧扣发展所需，今年长三角地区协同立法项目拟安排 6 件》，载中国人大网，http://www.npc.gov.cn/npc/c2/c30834/202306/t20230619_430123.html，2024 年 1 月 26 日最后访问。

② 《曲福田出席长三角地区三省一市人大城建环资工作协作座谈会》，载江苏省人民代表大会常务委员会网，http://www.jsrd.gov.cn/xwzx/rdyw/202310/t20231012_562422.shtml，2024 年 1 月 26 日最后访问。

市举行。会议指出,当前长三角区域合作与发展正处于重要战略机遇期,同时面临着各种风险和挑战。会议要求浙苏皖沪三省一市人大财经预算部门围绕区域规划、基础设施、营商环境、要素市场、产业布局等重点领域,抓住规划对接、战略协同、政策协同、专题合作、机制完善等关键环节,依法履行人大财经预算部门在立法、监督、重大事项决定等方面的职能,深入开展三省一市人大财经预算部门交流协作,推动长三角地区实现更高质量的一体化发展。会议正式签署了《长三角地区人大财经工作座谈会会议纪要》。①

2023年11月30日—12月2日,长三角地区三省一市人大民宗侨外工作联席会议在中国(上海)自由贸易试验区临港新片区召开。会议围绕贯彻落实习近平总书记关于长三角一体化发展的一系列重要讲话重要指示,特别是2023年11月30日习近平总书记在深入推进长三角一体化发展座谈会上的重要讲话精神,共同研究进一步加强立法、监督等方面的工作协同,更好地为长三角一体化高质量发展提供法治保障。会议签署了《长三角地区三省一市人大民宗侨外工作联席会议备忘录》。②

2023年12月4—5日,长三角地区三省一市人大社会建设工作座谈会在上海市举行。会议学习贯彻习近平总书记关于长三角一体化发展的一系列重要讲话重要指示,特别是2023年11月30日习近平总书记在深入推进长三角一体化发展座谈会上的重要讲话精神,回顾和总结了近年来长三角地区人大社会建设领域协作成果,共同研究了

---

① 《高兴夫参加长三角地区人大财经工作座谈会》,载中国·浙江人大网,https://www.zjrd.gov.cn/rdyw/202312/t20231208_159048.shtml,2024年1月26日最后访问。

② 《长三角地区三省一市人大民宗侨外工作2023年联席会议在上海召开》,载江苏省人民代表大会常务委员会官网,http://www.jsrd.gov.cn/xwzx/rdyw/202312/t20231204_564362.shtml,2024年1月26日最后访问。

深化长三角区域社会领域立法、监督等方面工作协同的思路与举措，为进一步推进长三角一体化高质量发展提供法治保障。①

3.省级以下人大合（协）作

2023 年 6 月，江苏省无锡市锡山区人大常委会和苏州市相城区人大常委会携手开展助力"漕湖—鹅真荡"生态绿色一体化协同发展示范区建设合作交流活动。双方组织联合视察，就建设规划展开交流，并就会商联动履职机制展开合作。经过深入交流，两地人大常委会达成了共识，决定共同推动在生态保护、产业协同、交通组织、文旅联动、民生配套、社会治理及人大工作等 7 个领域的交流合作。双方将联动监督，支持两地政府推进"漕湖—鹅真荡"生态绿色一体化协同发展示范区建设，并签署了合作备忘录。②

2023 年 6 月 19 日，江苏省无锡市人大常委会与苏州市人大常委会在苏州市正式签订建立协商合作机制协议。根据该协议，两市人大常委会将围绕两市所签署的战略合作协议明确的重点任务，聚焦"五个重点合作领域""六大战略性合作工程"，进一步加强地方立法协同、监督工作联动，促进两地资源共享、优势互补、互惠互利、共同发展。双方将进一步推进代表活动互动、课题研究合作和人大工作交流，共同提升新时代地方人大工作水平。③

2023 年 11 月 2—3 日，在浙江省湖州市人大常委会、安徽省宣城

---

① 《吴晶出席长三角地区人大社会建设工作座谈会》，载中国·浙江人大网，https://www.zjrd.gov.cn/rdyw/202312/t20231208_159008.shtml，2024 年 1 月 26 日最后访问。

② 《无锡锡山人大：两湖协同 七重发力 共同助推长三角一体化高质量发展》，载江苏省人民代表大会常务委员会网，https://www.jsrd.gov.cn/sxcz/202306/t20230616_553894.shtml，2024 年 1 月 26 日最后访问。

③ 《无锡苏州两市人大常委会签订建立协商合作机制协议》，载中国人大网，http://www.npc.gov.cn/npc/c2/c30834/202306/t20230621_430185.html，2024 年 1 月 26 日最后访问。

市人大常委会的指导和推动下,浙皖边界三县(市)基层人大工作首次联席会议在浙江省湖州市安吉县召开。安吉县、宁国市、广德市共同发起"浙皖边界人大协同协作工作倡议",共同签署《浙皖边界人大协同发展合作协议》。该会议成员单位由 5 个乡镇人大主席团发展成为14 个乡镇人大主席团(街道人大工委)。浙皖边界三县(市)基层人大工作联席会议提出建立会议联席、监督联合、民情联络、活动联谊、治理联动、生态联护"六联"工作机制,为省际人大协同治理找到了一条新路径。①

4. 长三角一体化法治研究院

长三角一体化法治研究院由上海市人大常委会办公厅与华东师范大学合作共建,成立于 2020 年 12 月 27 日。其成立目的是加强长三角区域立法的科学性、实效性和前瞻性,更好地发挥立法服务区域一体化发展的保障作用。长三角一体化法治研究院致力于服务长三角一体化发展国家战略,紧扣"一体化"和"高质量"两个关键词,立足上海市,面向长三角,辐射全国。该研究院专注于长三角一体化发展进程中法治面临的重大理论和实践问题,通过创新组织形式和管理方式,构建各类开放式的机构平台和项目,努力建设成为全国领先的区域法治协作研究高端新型智库。

2023 年 5 月 20 日,由华东师范大学主办、长三角一体化法治研究院与华东师范大学法学院联合承办的长三角一体化法治研究院咨询委员座谈会暨《长三角生态绿色一体化发展示范区条例(专家意见

---

① 《浙皖边界三县(市)人大建立跨区域协同协作工作机制》,载安徽人大网,http://www.ahrd.gov.cn/article.jsp? strId=17011536263381496&strColId=a3e497e3973c43a590b5185352634-808,2024 年 1 月 26 日最后访问。

稿)》论证会在华东师范大学普陀校区办公楼小礼堂举行。来自上海市、江苏省、浙江省、安徽省人大,长三角生态绿色一体化发展示范区执委会,上海市法学会以及华东师范大学相关单位的负责人和专家参加会议。会议由长三角一体化法治研究院咨询委员会主任陆晓栋主持。《长三角生态绿色一体化发展示范区条例(专家意见稿)》立足《中华人民共和国立法法》第八十三条有关"区域协同立法"的规定,围绕示范区功能实现、体制机制支撑、组织动员形式3个要素展开,共计8章71条,内容涵盖总则、管理体制、协同机制、土地规划与项目管理、生态保护与绿色发展、基本公共服务与基础设施、营商环境与产业发展等7个方面,重点解决示范区协同发展中的组织架构与协调问题,落实和总结提炼改革成果与预留改革空间相结合的立法理念。该条例是长三角一体化法治建设中的关键板块,已于2023年4月被列入《上海市人民政府2023年立法工作计划》,确立为拟提请上海市人大常委会审议的地方性法规正式项目。①

2023年6月3日,由嘉兴学院和华东师范大学长三角一体化法治研究院、嘉兴市司法局共同发起的华东师范大学长三角一体化法治研究院嘉兴分院成立仪式在嘉兴学院梁林校区举办。嘉兴市委常委、常务副市长朱苗,华东师范大学法学院党委书记岑峨,长三角一体化法治研究院院长刘平,嘉兴学院党委书记卢新波,嘉兴学院党委副书记吴云达等出席仪式。嘉兴市司法局党委书记、局长陈云飞主持仪式。仪式签署了《华东师范大学长三角一体化法治研究院、嘉兴市司法局、嘉兴学院战略合作协议》,与会领导为名誉院长、咨询委员会名誉主

---

① 《华东师大长三角一体化法治研究院咨询委员座谈会暨〈长三角生态绿色一体化发展示范区条例(专家意见稿)〉论证会举行》,载华东师范大学网,https://www.ecnu.edu.cn/info/1094/62838.htm,2024年1月26日最后访问。

任、学术委员会名誉主任和首批咨询委员会委员、首批学术委员会委员颁发了聘书，宣读了华东师范大学长三角一体化法治研究院嘉兴分院院长、副院长名单。华东师范大学长三角一体化法治研究院嘉兴分院院长童建华进行了表态发言。①

(二)长三角人大协同立法

2023年是长三角一体化发展上升为国家战略5周年。2018年，浙苏皖沪三省一市人大常委会共同签订了《关于深化长三角地区人大常委会地方立法工作协同的协议》。几年间，区域协同立法实践取得了实质性进展，特别是在长三角生态绿色一体化发展示范区建设、长江流域禁捕、长三角区域社会保障卡居民服务一卡通、长江船舶污染等方面，协同立法取得了成功推进。2023年，协同立法项目主要围绕协同立法、共同调研、协同修改相关法规等方面进行推进。

1.长三角生态绿色一体化发展示范区协同立法

2023年12月20—21日，浙江省十四届人大常委会第七次会议就《浙江省促进长三角生态绿色一体化发展示范区高质量发展条例（草案）》公开征求意见。该项目是《中华人民共和国立法法》修订以来第一个综合性、创制性的跨区域协同立法项目，也是浙苏沪两省一市第一时间贯彻落实习近平总书记在深入推进长三角一体化发展座谈会上重要讲话精神的具体体现。近年来，示范区扎实推进各项工作，累

---

① 《我校共同发起成立华东师范大学长三角一体化法治研究院嘉兴分院》，载嘉兴大学网，https://www.zjxu.edu.cn/info/10816/93291.htm,2024年1月26日最后访问。

计形成 136 项制度创新成果,持续推进 145 个亮点项目建设,同时也遇到了一些需要在制度层面予以解决的问题。2023 年 11 月 30 日,习近平总书记在上海市主持召开深入推进长三角一体化发展座谈会,再次强调示范区要加快从区域项目协同走向区域一体化制度创新。浙苏沪两省一市结合各自实际,协同制定一部示范区综合性法规,能更好地将党中央、国务院的各项决策部署落深落实落细。该条例(草案)共 9 章 72 条,包括总则、治理体制、规划建设、生态环境、创新发展、江南水乡文化、公共服务、法治保障以及附则。[①] 安徽省十四届人大常委会 5 年立法规划已安排《安徽省促进长三角 G60 科创走廊一体化高质量发展条例》等协同立法项目。[②]

2. 长江船舶污染协同立法

2023 年 3 月 1 日,长三角地区协同立法项目之一《上海市船舶污染防治条例》正式实施。该条例规定了各类船舶污染物的排放要求和处置方式,要求船舶采取有效措施预防和减少污染物排放,并建立健全监测、检测等制度。对于违反本条例造成或者可能造成水域环境污染的行为,该条例还设定了相应的处罚措施,包括责令改正、罚款等。该条例的实施,为上海市加强长江船舶污染防治提供了法律依据和制度保障,助力打造符合上海实际、体现上海特点的船舶污染防治长效机制。该条例有助于提高上海市对水域和港区的综合管理能力,贯彻

---

① 《〈浙江省促进长三角生态绿色一体化发展示范区高质量发展条例(草案)〉公开征求意见》,载中国·浙江人大网,https://www.zjrd.gov.cn/sylf/yjzj/202401/t20240105_170594.shtml,2024 年 1 月 26 日最后访问。

② 《全力以赴 与时俱进 以高质量立法护航高质量发展》,载安徽人大网,http://www.ahrd.gov.cn/article.jsp? strId=df159b5a556c4803be17c0ba822472a5&strColId=2cec8ad434f2405-e8086d16765a3b46d,2024 年 1 月 26 日最后访问。

落实绿色低碳发展理念，切实保护长江生态环境，为上海国际航运中心建设、长三角一体化高质量发展提供支持。①

　　2023 年 7 月 28 日，安徽省十四届人大常委会第三次会议审议通过了《安徽省长江船舶污染防治条例》，并于 2023 年 10 月 1 日起施行。该条例作为安徽省交通运输领域首部长三角地区协同立法，严格贯彻落实了《中华人民共和国长江保护法》等法律要求，对标江苏省、浙江省、上海市地方立法，立足安徽省工作实际，聚焦长江船舶水污染防治、大气污染防治、相关作业活动污染防治、事故应急处置和区域协作等重点领域进行细化、完善、规范，为推进长三角区域长江船舶污染联防联治提供了地方立法依据。②

---

　　① 《〈上海市船舶污染防治条例〉正式施行　船舶生活污水不得排放黄浦江》，载《浦东时报》数字报，http://www.pdtimes.com.cn/html/2023-03/03/content_1208_15862331.htm，2024 年 1 月 26 日最后访问。

　　② 《〈安徽省长江船舶污染防治条例〉出台》，载安徽省交通运输厅网，https://jtt.ah.gov.cn/ztzl/pfxc/pfdt/121718861.html，2024 年 1 月 26 日最后访问。

四、长三角法治发展中的法治政府

(一)长三角一体化发展中的政府协议

1.信用体系领域合作

2023年9月8日,第二届长三角信用论坛在上海市拉开帷幕。来自浙苏皖沪三省一市信用综合管理部门和全国信用服务行业领军企业、金融机构、高校院所的300余名代表共话行业、共叙发展,展望"诚信长三角"建设前景。论坛上,"长三角数据模型实验室2.0"正式发布。同时,论坛发布了《长三角信用创新案例》《长三角地区信用人才标准培养倡议书》,启动了《长三角信用发展蓝皮书》研究项目,举行了长三角企业信用承诺暨虹口区重点项目"月月签"仪式。该论坛的举办更好地发挥了信用对提高资源配置效率、降低制度性交易成本、防范化解风险的重要作用,为长三角地区经济发展注入新的动力。①

2023年10月27日,首届"跨江环湖"信用经济发展大会在江苏省无锡市拈花湾拉开帷幕。大会旨在进一步探索"跨江环湖"信用文旅

---

① 《第二届长三角信用论坛在沪举行,同期发布"长三角数据模型实验室2.0"》,载人民网,http://sh.people.com.cn/n2/2023/0908/c134768-40563595.html,2024年1月26日最后访问。

"共商共建共享"合作机制,以扩大信用文旅品牌的影响力。江苏省无锡市、苏州市、常州市、南通市、盐城市、泰州市,浙江省湖州市等地先后签署《"跨江环湖"个人信用积分互认和信用文旅合作备忘录》,为加快跨区域、全方位、多层次的信用一体化联动发展夯实了基础。此外,大会举行了"环太湖诚信旅游联盟"揭牌授旗仪式和无锡市首批"商务信用 3A 级旅行社"授牌仪式,公布了 9 条诚信旅游线路,为下一步环太湖城市旅游业协调发展、推进城市间诚信旅游交流与合作提供了有力支持。①

2023 年 3 月 31 日,苏州市、无锡市、常州市、南通市举行信用交通一体化联动发展签约仪式。"苏锡常通"四市信用交通一体化联动发展坚持共享共赢、联合联动、融合融通、共管共建的合作原则,各市分工协作、优势互补、共享共建,旨在 2025 年全面建成"信用交通城市",4 个城市交通运输领域信用组织更为规范、信用信息更为高质、信用治理更为高效、信用服务更为多样,为推进中国式现代化江苏新实践提供信用支撑。签约仪式强调,推进信用数据"共享",建立跨地区信用数据共享联动机制,推动 4 个城市交通运输信用数据的按需共享、动态更新和广泛应用;推进信用监管"共治",加快构建以信用为基础的区域协同联动监管机制,深化跨区域综合监管探索实践,聚焦交通运输重点领域,不断提升监管效能;推进信用服务"共惠",实施"信易＋"应用服务创新,为 4 个城市守信主体提供优惠便利,浓厚"守信得实惠"的行业氛围;推进信用建设"共进",相互学习借鉴信用工作中形成的好机制、好做法、好经验,共同提升 4 个城市信用交通建设水平。

---

① 《我市成功举办首届"跨江环湖"信用经济发展大会》,载信用中国(江苏无锡)网,https://wuxicredit. wuxi. gov. cn/doc/2023/10/31/4096531. shtml,2024 年 1 月 26 日最后访问。

在签约仪式上,4个城市还明确了2023年信用交通一体化联动发展的12项具体任务清单。①

2.市场监管合作

2023年3月23—24日,首次长三角食品生产安全监管协作交流暨预制菜专题会议在上海市召开。浙苏皖沪三省一市市场监督管理局共同签署了《长三角食品生产安全监管协作意向书》。在国家市场监督管理总局的支持下,三省一市市场监督管理局率先在全国联合制定了《长三角预制菜生产许可审查指引》,统一了长三角预制菜生产的准入门槛,推动了长三角区域预制菜产业"同城化"的发展。据了解,上海市牵头搭建了预制菜产业链协同发展机制平台,金山区成立了首家预制菜产业发展协会。浙江省推出了《浙江省预制菜生产许可审查方案》。江苏省、安徽省打响了区域特色预制菜企业品牌,促进了地方特色和预制菜产业的结合。②

2023年3月,浙苏皖沪三省一市市场监管部门联合印发了《长三角地区市场监管部门网络交易监管专家库管理办法》和《长三角地区网络交易监管人才联合培育制度》。两份文件对长三角地区网络交易监管专家和人才的培育、使用和管理提出了明确要求,为全面提升长三角地区网络交易联合执法办案能力、效率夯实了制度基础。据安徽省市场监督管理局相关负责人介绍,培育制度建立后,浙苏皖沪三省一市市场监管部门可以通过网络监管业务学习交流、网络交易典型案

---

① 《"苏锡常通"四市签订信用交通一体化联动发展协议》,载江苏省人民政府网,http://www.jiangsu.gov.cn/art/2023/4/3/art_84324_10860403.html,2024年1月26日最后访问。

② 《长三角食品生产安全监管协作交流会议在沪召开》,载中国长三角网,https://www.china-csj.org.cn/newsdetail.jsp?colid=1093&fatherid=1085&artid=3147,2024年1月26日最后访问。

例研讨、联合办案等方式,不断提升网络交易监管水平。①

2023 年 7 月 24 日,长三角区域双随机联动抽查启动仪式在安徽省宣城市举行。在启动仪式上,安徽省宣城市、上海市金山区、江苏省镇江市、浙江省湖州市的市场监督管理局负责人共同签订协议,建立双随机联动抽查工作机制。四地将通过深入开展跨区域联合信用监管,拓宽"双随机、一公开"监管维度,打通准入、生产、流通、消费等监管环节,实现违法线索互联、监管标准互通、处理结果互认的联合信用监管格局。近年来,浙苏皖沪三省一市聚焦具体监管事项,加强跨部门、跨区域、跨层级业务协同,增强信用监管合力,提高综合监管效能,在维护公平有序的市场环境的同时,切实降低经营主体制度性交易成本,减少执法频次,优化营商环境,推动高质量发展。②

2023 年 8 月 10 日,长三角认证认可检验检测监管一体化工作会议在安徽省黄山市黟县召开。会议通报了 2023 年认证认可检验检测监管和一体化合作事项。长三角三省一市市场监督管理局交流和探讨了 2023 年认证认可检验检测监管工作和长三角一体化发展工作安排,审议了《长三角地区检验检测认证监管专家库管理办法》。③

2023 年 9 月 11—12 日,第十届中国公平竞争政策国际论坛暨全国公平竞争大会在江苏省南京市举行。上海市、江苏省、浙江省、安徽省市场监督管理局在"推进区域竞争合作　共创一流营商环境"专题论坛上,共同签署了《长三角地区公平竞争政策一体化推进合作协

---

① 《长三角联合建立区域网络交易监管人才培育管理机制》,载国家市场监督管理总局网,ht-tps://www. samr. gov. cn/cms_files/filemanager/samr/www/samrnew/xw/df/202303/t20230329_3 54238. html,2024 年 1 月 26 日最后访问。

② 《长三角区域双随机联动抽查启动》,载安徽省发展和改革委员会网,https://fzggw. ah. gov. cn/public/7011/148554541. html,2024 年 1 月 26 日最后访问。

③ 《长三角地区持续深化认证认可检验检测领域合作》,载国家认监委公众号,https://mp. weixin. qq. com/s/eTM8cbccWR4xd6KFjERq4w,2024 年 1 月 26 日最后访问。

议》。该合作协议明确了加强公平竞争审查制度实施协同、经营者集中审查区域化合作、反垄断反不正当竞争执法协作、竞争倡导工作整体性推进等 4 个方面 14 项合作内容。①

2023 年 10 月 19 日,上海市浦东新区市场监督管理局联合江苏省淮安市、扬州市,浙江省温州市、台州市,安徽省黄山市市场监督管理部门共同签署了《长三角"五市一区"食品安全高质量一体化发展合作备忘录》,旨在进一步探索长三角区域城市食品安全高质量发展的新格局。该合作备忘录主要包括 6 项内容:一是推进建立长三角食品安全联盟;二是推进食品安全监管跨区域合作;三是推进食品安全风险预警交流;四是推进食品安全承检机构跨区域协作;五是推进长三角"你点我检—互点互检"长效机制建设;六是推进长三角食品安全专家库建设。各地将通过建立监管协作机制,提升食品安全事件联合处置能力和食品安全案件线索协查效能;通过引入帮扶机制,形成"大企带小企"的结对合作模式;通过"一对一"或"一对多"的帮扶,发挥带动效应,提升区域内企业食品安全风险管理能力,助力食品产业协调发展。②

2023 年 12 月 11 日,浙苏皖沪三省一市市场监督管理部门联合批准发布首个长三角区域社会事业类地方标准——《劳动争议联合调解和协同仲裁服务规范》。这标志着长三角劳动人事争议调解仲裁区域协作取得标志性成果。该规范针对长三角区域劳动者跨省域流动日益频繁引发的跨省域劳动争议增多和案件处理难度增大等问题,明确

---

① 《长三角三省一市签署公平竞争政策一体化推进合作协议,服务构建全国统一大市场》,载中国长三角网,https://www.china-csj.org.cn/newsdetail.jsp? colid=1093&fatherid=1085&artid=3489,2024 年 1 月 26 日最后访问。

② 《长三角"五市一区"围绕食品安全形成一揽子合作框架》,载法治网,http://www.legaldaily.com.cn/Food_Safety/content/2023-10/20/content_8916851.html,2024 年 1 月 26 日最后访问。

了劳动争议联合调解和协同仲裁的范围,以及服务机构、服务提供、服务保障、服务质量评价与改进等内容。该规范为科学规范长三角区域劳动争议案件调解仲裁提供指导,对助力提升长三角地区劳动争议案件处理效能具有重要意义。①

2023年12月15日,长三角地区网络交易监管一体化工作经验交流会在安徽省安庆市举行。浙苏皖沪三省一市市场监督管理部门共同签署了《长三角"三省一市"网络交易监管一体化协作备忘录》,旨在在共享示范经验、共推制度标准、共育人才队伍、共享智慧监管、共联网络协查、共研前沿课题等6个方面开展交流合作。②

3. 生态环境领域合作

2023年1月4日,浙苏皖沪三省一市市场监督管理部门联合召开《长三角地区沿长江岸线森林资源质量监测评价规范》长三角区域地方标准立项论证线上评估会。三省一市市场监管局标准化处、林业局相关负责同志及评审专家出席会议,上海市林业总站作为主要起草单位参加会议。《长三角地区沿长江岸线森林资源质量监测评价规范》是由安徽省林业局主要提出的,准备由长三角三省一市林业科研、技术推广等单位共同起草的长三角地方标准。会上,标准起草单位汇报了项目立项背景、标准草案框架等相关内容,专家组对《长三角地区沿长江岸线森林资源质量监测评价规范》的必要性、可行性等进行评估和论证,并形成了会议纪要,最终建议将标准名称改为《长江岸线森林

---

① 《事关跨省域劳动争议!首个长三角区域社会事业类地方标准〈劳动争议联合调解和协同仲裁服务规范〉发布》,载浙江省人民政府网,https://www.zj.gov.cn/art/2023/12/21/art_1229278448_60189924.html,2024年1月26日最后访问。

② 《长三角加强网络交易监管协作》,载人民网,http://ah.people.com.cn/n2/2023/1225/c401574-40690443.html,2024年1月26日最后访问。

资源质量评价规范》，并提出要进一步深入研究，确保评价指标体系的科学性、适用性。①

2023年5月16日，环太湖"昆蒙框架"实施联盟在浙江省湖州市的太湖图影湿地成立。该联盟由浙江省湖州市，江苏省无锡市、苏州市、常州市4座城市的生态环境部门共同发起并成立。这一举措标志着环太湖4座城市将共同推动落实落细"昆蒙框架"，描绘人与自然和谐共生的环太湖图景。"昆蒙框架"是在加拿大蒙特利尔举行的联合国《生物多样性公约》第十五次缔约方大会上通过的，它为全球生物多样性治理擘画了新的蓝图。作为长三角的核心地区，太湖流域生物多样性的持续稳定直接关系到环太湖城市的经济发展和长远未来。该联盟的成立，旨在加强太湖流域生物多样性保护协同，强化环太湖周边城市联动合作，为探索并引领建设人与自然和谐共生的现代化之路做出先行示范。②

2023年5月26日—6月1日，上海市林业局联合浙江省、江苏省林业主管部门共同开展两省一市交界地"清网行动"，全面清除非法猎捕工具。上海市林业局积极履行牵头责任，加强组织协调，强化责任落实，下发了《关于开展两省一市交界地区清网行动的通知》，要求各相关区域林业部门依托"打击野生动植物非法贸易执法联席会议机制"开展执法行动，加强区域协调，强化部门协作，积极发动执法人员、护林员、志愿者等各方力量共同参与，确保专项行动取得实效。③

---

① 《上海市林业总站参加长三角地标立项评估会》，载国家林业和草原局　国家公园管理局网，https://www.forestry.gov.cn/search/321440，2024年1月26日最后访问。

② 《环太湖"昆蒙框架"实施联盟在浙江湖州成立》，载中华人民共和国国家发展和改革委员会网，https://www.ndrc.gov.cn/xwdt/ztzl/cjsjyth1/xwzx/202305/t20230529_1356615.html，2024年1月26日最后访问。

③ 《沪苏浙联合开展清除非法猎捕工具"清网行动"》，载国家林业和草原局　国家公园管理局网，https://www.forestry.gov.cn/search/505971，2024年1月26日最后访问。

2023年6月5日,浙江省人民政府、安徽省人民政府在安徽省合肥市签署了《共同建设新安江—千岛湖生态保护补偿样板区协议》。这标志着全国首个跨省流域生态补偿提档升级。从2012年起,浙皖两省连续开展了3轮新安江流域生态补偿机制试点工作。数据显示,试点工作开展以来,新安江水质连年达到补偿标准,安徽省每年向千岛湖输送近70亿立方米干净水。在断面水质补偿上,前3轮补偿试点期双方每年最多各出资2亿元。该协议要求,2023年补偿资金总额增至10亿元,从2024年开始,资金总额在10亿元基础上参照浙皖两省年度GDP增速,建立逐年增长机制,同时,样板区补偿范围扩大至安徽省黄山市、宣城市全境,以及浙江省杭州市、嘉兴市全境。相较于前3轮试点,此次新安江—千岛湖生态保护补偿样板区建设在补偿标准、补偿理念、补偿方式、补偿范围等方面实现了提档升级。新一轮补偿重在加强上下游产业人才合作,探索园区共建、产业协作、人才交流等多种合作方式,推动由单一补偿向综合补偿升级。此举重在实现了下游地区主动帮助上游地区谋划绿色发展之路,让上游地区摆脱单纯依靠资金补偿的局面,体现了激励与约束并重,实现了生态保护者与受益者之间的良性互动。[①]

2023年6月1日,由上海市崇明区、江苏省盐城市东台市和浙江省湖州市德清县共同发起的长三角湿地联盟在德清县成立。长三角湿地联盟成立后,三地将聚焦湿地保护、生物多样性维护、湿地生态产品价值实现、文旅联动等领域,开展经验交流与培训、技术探讨、项目对接、实地示范等合作活动。该举措将推动湿地保护区域一体化协同

---

① 《我国首个跨省流域生态补偿提档升级》,载中华人民共和国中央人民政府网,https://www.gov.cn/govweb/lianbo/difang/202306/content_6884769.htm,2024年1月26日最后访问。

发展,共建"生态长三角"。①

2023 年 7 月 1 日,浙苏皖沪三省一市生态环境厅(局)联合司法厅(局)共同制定的《长江三角洲区域生态环境领域轻微违法行为依法不予行政处罚清单》正式实施。该清单根据浙苏皖沪三省一市已印发的相关内容,选取了实践成熟的,对生态环境和经济、社会效益影响较大的事项,主要涉及建设项目管理、大气污染防治、固体废物污染防治、噪声污染防治、环境事件应急管理、排污许可、环境管理制度 7 个生态环境领域共 22 项内容。这些内容分为轻微免罚(1 项)、首违免罚(21 项)两大类免罚情形。该清单自 2023 年 7 月 1 日起施行,有效期至 2028 年 6 月 30 日。这一举措旨在加深对长江三角洲区域生态环境领域的包容审慎监管,持续提升该地区生态环境保护执法的一体化、规范化和精细化水平。②

2023 年 12 月 1 日,浙苏皖沪三省一市生态环境部门联合印发了《长三角区域污染物总量协同控制实施方案》。该方案旨在强化区域协同治理、协同监管、信息共享,全面探索区域联动、分工协作、共同推进、合作共赢的生态环境共保联治新路径,助力美丽长三角建设。该方案提出到 2025 年,长三角区域污染物总量协同控制机制基本建立,生态环境协同治理能力持续提升,主要大气污染物和水污染物排放总量显著下降,区域生态环境质量持续改善。围绕这一总体目标,该方案明确了 5 个主要任务及 9 项具体措施。③

---

① 《长三角湿地联盟在浙江德清成立》,载国家林业和草原局 国家公园管理局网,https://www.forestry.gov.cn/search/512623,2024 年 1 月 26 日最后访问。

② 《沪苏浙皖共同制定生态环境领域免罚清单》,载江苏省人民政府网,http://www.jiangsu.gov.cn/art/2023/7/7/art_60085_10944430.html,2024 年 1 月 26 日最后访问。

③ 《长三角出台加强区域污染物总量协同控制实施方案》,载中国环境网,https://www.ce-news.com.cn/news.html? aid=1102323,2024 年 1 月 26 日最后访问。

2023 年 12 月 5 日,2023 年长江三角洲地区地面沉降省际联席会议在江苏省常州市金坛区召开。在自然资源部地质勘查管理司的见证下,浙苏皖沪三省一市自然资源主管部门分管负责同志联合签署了新一轮《长三角地区地面沉降防治区域合作协议》。长三角地区作为我国三大沉降区之一,在 2004 年早已率先建立了浙苏沪两省一市原国土资源部门地面沉降联席会议制度,并于 2017 年将安徽省纳入长三角地面沉降联防联控体系,形成了三省一市联合开展地面沉降防控的新格局。近年来,通过多方联动与综合施策,长三角地区地面沉降防治工作取得重要进展,地面沉降防治成效得到持续巩固和提升。尽管长三角地区的地面沉降总体呈趋缓态势,但仍有局部地区沉降速率较大,各类工程活动引发的地面沉降仍不断出现,因此,该协议的签署确保了地面沉降防治工作的连续性和可持续性,同时为实现长三角地区可持续发展和生态环境保护奠定基础。[①]

4. 行政执法合作

2023 年 1 月 16 日,浙苏皖沪三省一市市场监管部门联合出台规范性文件《长三角地区市场监管领域轻微违法行为不予处罚和从轻减轻处罚规定》(皖市监法〔2023〕1 号)。该规定自 2023 年 3 月 1 日起正式施行,有效期 5 年。该规定对依法不予行政处罚、依法从轻或减轻行政处罚的情形条件等做出了明确规定;对"初次违法""违法行为轻微""违法后果轻微"等概念做出了原则性、规范性的诠释。长三角地区药品监督管理部门对轻微违法行为做出不予处罚和从轻减轻处罚

[①] 《上海、江苏、浙江、安徽"三省一市"联合签署新一轮〈长三角地区地面沉降防治区域合作协议〉》,载中国长三角网,https://www.china-csj.org.cn/newsdetail.jsp? colid=1015&fatherid=299 &artid=3599,2024 年 1 月 26 日最后访问。

的决定,同样适用该规定。①

2023年2月1日,长江三角洲区域三省两市税务机关联合制定的《国家税务总局上海市税务局　江苏省税务局　浙江省税务局　安徽省税务局　宁波市税务局关于发布〈长江三角洲区域登记　账证　征收　检查类税务违法行为行政处罚裁量基准〉的公告》开始施行。该公告按照公平公正、合法合理的原则,注重行政效率和实际操作性,对税务登记类、账簿凭证类、税款征收类、税务检查类共计32项违法行为制定了裁量标准。②

2023年3月30日,长三角一体化城市管理综合行政执法协作机制会议在江苏省南京市举行。会上,浙苏皖沪三省一市签署了《长三角三省一市城市管理综合行政执法协作框架协议》,并联合下发了《关于开展长三角一体化城市管理综合行政执法协作"互学互鉴提效能"活动的通知》。该框架协议强化了牵头单位在顶层沟通、统筹协调、同步发展方面的作用,在构建省、市、县、街道(乡镇)"四级协作架构"的基础上,突出了"六项协作、六个机制"的重要性。这一举措深化了平级单位之间的协作,特别注重在党建引领、执法保障、案件查处、联合执法、执法服务等六大重点领域展开合作。通过畅通信息共享、协作互动、专家智库、学习交流等6种协作机制,各方协同发力,扬其优势、互补发展、合作共赢,从而形成一个整体推进的可落地、可操作、可实

---

① 《长三角联合推动"轻违不罚"》,载安徽省发展和改革委员会网,https://fzggw.ah.gov.cn/ywdt/ztzl/zsjythzhxxglfwpt/dtzx/147674571.html,2024年1月26日最后访问。

② 《2月起,长三角区域登记、账证、征收、检查类税务违法行为有新的裁量标准》,载中国长三角网,https://www.china-csj.org.cn/newsdetail.jsp?colid=1093&fatherid=1085&artid=2954,2024年1月26日最后访问。

践、可持续的发展效应。①

2023年6月27日,江苏省牵头召开长三角八城市旅游市场执法协作会议。上海市、南京市、杭州市、合肥市、宁波市、苏州市、无锡市、黄山市8个城市文化市场综合执法机构代表共同签署了《长三角八城市旅游市场执法协作备忘录》,并就旅游市场热点难点问题进行了研讨。苏州市文化市场综合执法支队在本次会议中担任协调牵头单位,与其他7个城市的相关机构共同深化和拓展旅游市场执法协作。会议决定建立定期会商、定期研判、跨区域执法行动、快速响应联动处置、执法证据援用一体化和信息共享等6项机制,着力构建"协作反应迅速、信息互联互通、区域执法联动"的旅游市场执法协作新格局。这一举措对推动长三角旅游市场规范有序发展,更好地助力世界重要旅游目的地建设具有重要意义。②

5.发展改革委领域合作

2023年3月6日,安徽省发展和改革委员会皖苏合作联络处与江苏省发展和改革委员会长三角一体化发展处开展工作对接并召开座谈会。会上,皖苏合作联络处介绍了2023年度安徽省推动长三角一体化发展重点工作计划和主要领导座谈会相关安排,并就深化省际毗邻地区协同发展、建立跨省重大基础设施协调推进机制、深化城市结对合作帮扶、服务保障党政代表团考察活动、开展支部结对共建等工

---

① 《〈新华网〉长三角三省一市签署协议 共推城市管理执法协作"一体化"》,载江苏省住房和城乡建设厅网,http://jsszfhcxjst.jiangsu.gov.cn/art/2023/4/3/art_8642_10850878.html,2024年1月26日最后访问。

② 《长三角八城市共同签署旅游市场执法协作备忘录》,载中华人民共和国文化和旅游部网,https://www.mct.gov.cn/whzx/qgwhxxlb/js/202306/t20230629_945501.htm,2024年1月26日最后访问。

作与江苏省发展和改革委员会长三角一体化发展处进行了交流。双方共同表示,要抓好长三角一体化发展上升为国家战略5周年的契机,贯彻落实国家重点工作任务和"上海会议"议定事项,持续深化皖苏两省的重点领域合作,以实现更多重大突破,为长三角地区更高质量一体化发展做出更大的贡献。①

2023年4月12日,《长三角区域协同创新指数2022》发布。该报告显示,长三角区域协同创新指数自2011年的100分(基期)增长至2021年的247.11分,较2011年增长了近1.5倍,年均增速达到9.47%,凸显了长三角科技创新一体化能力的提升。就5项一级指标变化情况而言,成果共用指标增幅最大,从2011年的100分提高到2021年的370.00分,年均增速达到13.98%;其次是资源共享指标,从2011年的100分上升到2021年的267.25分,年均增速达到10.33%;第三是创新合作指标,从2011年的100分增长到2021年的212.26分,年均增速达到7.82%。②

2023年5月25日,推进长三角G60科创走廊科创生态建设大会在上海市松江区举行。会上,长三角9个城市聚焦共建共享长三角G60科创走廊科创生态,共同宣言:将全力构建新发展理念指引下的科创生态;全力构建市场化、法治化、国际化的科创生态;全力构建开放共享、共建共生的科创生态;全力构建具有持续科创动力的科创生态;全力构建具有更优营商环境的科创生态。大会指出,坚定不移贯彻落实"两个毫不动摇",支持民营经济发展壮大,激发各类创新主体

---

① 《皖苏处与江苏省发展改革委长三角处开展工作对接》,载安徽省发展和改革委员会网,https://fzggw.ah.gov.cn/jgsz/jgcs/wshzllchu/gzdt/147840151.html,2024年1月26日最后访问。

② 《2022长三角区域协同创新指数发布成果共用指标年均增速达13.98%》,载中华人民共和国国家发展和改革委员会网,https://www.ndrc.gov.cn/xwdt/ztzl/cjsjyth1/xwzx/202304/t20230423_1354037.html,2024年1月26日最后访问。

活力;强化数字赋能,进一步转变政府职能;深化"放管服"改革,打破行政区划壁垒,推动九城市资源共享服务平台建设;不断优化公共服务供给,以区域一体化助力建设全国统一大市场。大会出台了《长三角 G60 科创走廊加强协同创新持续优化营商环境行动方案(2023—2025 年)》。①

2023 年 8 月 17 日,中共安徽省委、安徽省人民政府印发了《关于深度融入长三角一体化发展国家战略推动高质量发展的指导意见》。该指导意见围绕区域协调、创新协同、产业协作、设施互联、开放共赢、生态共保、民生共享、机制创新等 8 个领域提出了多项具体举措。8 月 25 日,安徽省人民政府新闻办举行新闻发布会,解读该指导意见。②

2023 年 10 月 12 日,安徽省发展和改革委员会在安徽省合肥市组织召开长三角区域公共资源交易一体化发展工作推进会。上海市、江苏省、浙江省、安徽省公共资源交易平台整合工作牵头部门相关处室和交易中心负责同志参加了会议。会上,上海市、江苏省、浙江省和安徽合肥公共资源交易中心共同签订了《长三角区域公共资源交易平台系统安全管理合作协议》。会议强调,长三角公共资源交易一体化发展工作要坚持统一规范、协同共享、便民高效、改革创新的原则,把握好政府与市场的关系、重点突破与系统集成的关系、技术创新与政府创新的关系,进一步破除市场隐形门槛和行政壁垒,促进各类要素合理流动和高效聚集,持续用力、久久为功,为长三角一体化高质量发展

---

① 《九城市共同发布长三角 G60 科创走廊科创生态宣言》,载安徽省发展和改革委员会网,ht-tps://fzggw.ah.gov.cn/ywdt/ztzl/zsjythzhxxglfwpt/tszs/148111231.html,2024 年 1 月 26 日最后访问。

② 《〈中共安徽省委安徽省人民政府关于深度融入长三角一体化发展国家战略推动高质量发展的指导意见〉新闻发布会》,载安徽省人民政府网,https://www.ah.gov.cn/zmhd/xwfbhx/56425-8681.html,2024 年 1 月 26 日最后访问。

提供有力支撑。①

2023 年 11 月 21 日,浙江省财政厅、浙江省发展和改革委员会印发了《浙江省推进长三角一体化发展资金管理办法》。该办法明确了资金主要用于支持浙江省推动长三角一体化发展的重点区域(平台)和最佳实践所在的市县。资金重点支持在建、续建项目,优先保障浙江省长三角一体化发展重大项目库的项目。②

6.政法系统、司法部门合作

2023 年 1 月,上海市、江苏省、浙江省、安徽省司法厅(局)制定了《长三角区域环境损害司法鉴定协作方案》,旨在建立健全长三角区域环境损害司法鉴定协作机制,促进长三角区域司法鉴定协同发展,为实现长三角生态绿色一体化高质量发展提供保障。浙苏皖沪三省一市司法厅(局)将成立长三角区域司法鉴定协同发展工作组,加强重大规划、重大政策、重点项目和年度工作安排的研究,督促有关工作落实;立足各自资源禀赋,加强省市联动,发挥合力优势,以"一体化"思维强化协同合作,推动政策衔接与联动,实现优势互补,形成区域一体化发展格局;在环境损害司法鉴定领域,谋划和打造一批长三角一体化发展重大载体、项目和改革举措,形成可复制、可推广的经验做法。③

2023 年 5 月,滁州市司法局分别与上海市、苏州市、杭州市、南京

---

① 《长三角区域公共资源交易一体化发展工作推进会顺利召开》,载安徽省发展和改革委员会网,https://fzggw.ah.gov.cn/ywdt/fgyw/148791121.html,2024 年 1 月 26 日最后访问。
② 《浙江省财政厅 浙江省发展和改革委员会关于印发浙江省推进长三角一体化发展资金管理办法的通知》,载浙江省财政厅网,http://czt.zj.gov.cn/art/2023/11/21/art_1229135603_24969-32.html,2024 年 1 月 26 日最后访问。
③ 《沪苏浙皖推进长三角区域环境损害司法鉴定一体化》,载中华人民共和国国家发展和改革委员会网,https://www.ndrc.gov.cn/xwdt/ztzl/cjsjyth1/xwzx/202302/t20230203_1348325.html,2024 年 1 月 26 日最后访问。

市等地司法局签订了战略合作框架协议,旨在强化资源共享,实现专业优势互补,全力以赴,为推进长三角一体化高质量发展提供优质法律服务和有力法治保障。这一战略合作框架协议以深入贯彻落实长三角一体化发展战略,积极谋划各地在法治政府建设中的合作联动为宗旨,分别从加强法治政府建设、公共法律服务、矫正执法、平台合作、人才互动交流等方面明确了合作内容,并建立了互访机制、联络机制、共建机制。①

2023年5月10日,"携手长三角 法治助营商 推动新发展"法律服务专场活动在浙江省嘉兴市嘉善县召开。此次活动旨在进一步优化长三角生态绿色一体化发展示范区法治化营商环境,加快形成一批更具辨识度、更具影响力的法治成果,全力打造长三角法治建设新高地。活动现场,上海市青浦区、江苏省苏州市吴江区、浙江省嘉兴市嘉善县三地司法局共同发起成立了"长三角一体化示范区知识产权保护法律服务联盟",并发布了《知识产权大保护法律服务大协同倡议书》,旨在在广大法律服务机构和从业人员中形成共识,发挥区域合作力量,共同致力于建设高水平、专业化的知识产权保护法律服务共同体。②

2023年5月19日,"长三角生态绿色一体化发展示范区警务合作中心"揭幕仪式在上海市公安局青浦分局朱家角派出所举行。青吴嘉三地公安机关共同签署了《长三角生态绿色一体化发展示范区2023年重点警务合作项目协议书》,并在长三角生态绿色一体化发展示范

---

① 《滁州市司法局与江浙沪等地签订战略合作框架协议》,载安徽省司法厅网,https://sft. ah. gov. cn/zhzx/sxdt/56749281. html,2024年1月26日最后访问。

② 《青吴嘉成立长三角一体化示范区知识产权保护法律服务联盟》,载上海市青浦区人民政府网,https://www. shqp. gov. cn/shqp/qpzdjcbs/xxdt/20230516/1117852. html,2024年1月26日最后访问。

区警务合作中心联合指挥室进行了环意自行车赛联合安保科目演练，以此检验了三地智慧安保、联合指挥、联合管控、联勤处置等方面的能力和水平。示范区警务合作中心的建立，标志着长三角区域警务一体化第二个三年行动计划全新平台的启用，同时也是推进示范区警务合作高质量发展和一体化建设的新里程碑。这一举措将推动长三角一体化发展持续走深走实，谱写新时代示范区警务一体化发展新篇章，为长三角地区经济社会高质量发展保驾护航。①

2023 年 6 月 20 日，第三届长三角社区矫正工作创新交流会在江苏省苏州市吴江区召开。浙苏皖沪司法厅（局）相关领导、社区矫正机构负责人等参加会议。吴江区委书记李铭在会上致辞。会上，浙苏皖沪司法厅（局）就强化社区矫正数据、标准、制度融合互认和共享共用，共同签署了《长三角地区社区矫正信息数据共享和业务协同协议书》。本次会议旨在总结交流长三角区域社区矫正工作经验做法，加快推进长三角社区矫正工作一体化高质量发展，合力打造全国社区矫正一体化高质量发展示范区。②

2023 年 6 月 26 日，由江苏省监狱管理局主办的长三角区域刑罚执行一体化运作座谈会在江苏省南京市召开。南京师范大学中国法治现代化研究院和浙苏皖沪三省一市监狱管理局主要领导、分管领导及监狱理论研究专家代表等出席会议。会上，三省一市监狱管理局确定了长三角区域刑罚执行一体化 2023 年重点任务和 2024 年长

---

① 《长三角生态绿色一体化发展示范区警务合作中心正式揭牌》，载上海市青浦区人民政府网，https://www.shqp.gov.cn/shqp/bmdt/20230523/1118999.html，2024 年 1 月 26 日最后访问。

② 《第三届"长三角社区矫正工作创新交流会"在吴江召开》，载苏州吴江发布公众号，https://mp.weixin.qq.com/s?__biz=MzAwNjMxMjEzMA==&mid=2655507093&idx=1&sn=740f0b-da05178dfc43bfcd0285eb8d86&chksm=80bc2b38b7cba22e0dd969943289e02da4ffd4f1bb090002c70c-ac9bb38493a1dd83328da85b#rd，2024 年 1 月 26 日最后访问。

三角区域刑罚执行一体化运作轮值单位,共同签署了《沪苏浙皖监狱管理局关于推进长三角区域刑罚执行一体化运作的协议》。近年来,三省一市监狱管理局与南京师范大学中国法治现代化研究院协作协同,在制定长三角区域刑罚执行一体化运作方案、计分考核罪犯规定、刑释人员衔接管理等方面取得初步成效。会议呼吁,三省一市监狱管理局要着眼于健全和完善公正、权威、高效的刑罚执行制度,在省域之间构建更加完善的区域刑罚执行一体化体制机制,建立统一规范的执法制度、标准,确保各个事项、各个环节、各个部门协调一致、统筹联动。[①]

2023 年 6 月 26 日,江苏省司法厅、上海市司法局、浙江省司法厅、安徽省司法厅联合发布了《关于建立长三角区域环境损害司法鉴定专家库的公告》。专家库在三省一市法律服务网平台上公布,专家库专家涉及的专业包括污染物性质鉴定、地表水与沉积物环境损害鉴定、空气污染环境损害鉴定、土壤与地下水环境损害鉴定、近岸海洋与海岸带环境损害鉴定、生态系统环境损害鉴定和其他环境损害鉴定(主要包括噪声、振动、光、热、电磁辐射、电离辐射损害鉴定)等 7 个领域。[②]

2023 年 7 月 19—20 日,2023 年长三角基层依法治理工作推进会在浙江省湖州市安吉县召开。浙苏皖沪三省一市司法厅(局)以及部分市(县、区)司法局相关负责人、长三角基层依法治理十大优秀案例获奖单位代表参加了会议。三省一市代表签订了《长三角"打造基层法治护城河　平安护航杭州亚运会"合作协议》。会议指出,通过在推

---

① 《长三角区域刑罚执行一体化座谈会召开》,载法治网,http://www.legaldaily.com.cn/index/content/2023-06/30/content_8870599.html,2024 年 1 月 26 日最后访问。

② 《江苏省司法厅　上海市司法局　浙江省司法厅　安徽省司法厅关于建立长三角区域环境损害司法鉴定专家库的公告》,载上海市司法局网,https://sfj.sh.gov.cn/2020zwdt_tzgg/20230815/d01228e546f145f19fcc136f5d4adbed.html,2024 年 1 月 26 日最后访问。

进亚运会和亚残运会相关法治建设、矛盾纠纷化解、公共法律服务、法治宣传和基层依法治理等领域的发展,三省一市将建立高效沟通、快速反应、长效合作机制,聚长三角法治之力,护航杭州亚运盛会。①

2023 年 7 月 27 日,2023 年长三角区域警务一体化领导小组会议在安徽省合肥市召开。安徽省委副书记程丽华出席会议并致辞,安徽省副省长、公安厅厅长钱三雄主持会议。公安部治安管理局和上海市、江苏省、浙江省、安徽省公安厅(局)有关负责同志出席会议。会议通报了 2023 年以来长三角区域警务一体化工作情况,强调要紧扣"一体化"和"高质量"两个关键词,健全区域整体治安防控体系,推动便民利企提质增效,打造更高水平的平安长三角。会上,三省一市代表就进一步深化长三角区域警务一体化发出倡议,共同会签了有关合作协议,为首批长三角区域公安机关民警锻炼学习基地授牌。②

2023 年 9 月 19—20 日,2023 年长三角一体化司法行政工作推进会暨长三角政府协同立法工作座谈会在江苏省扬州市召开。浙苏皖沪三省一市司法行政机关共同签署了《关于建立中国式现代化长三角一体化发展法治保障共同体的工作方案》,发布了 2023—2024 年度沪苏浙皖司法厅(局)合作重点项目,旨在更好地发挥法治护航区域发展的引领优势,共同打造区域法治一体化建设的创新高地,以高水平法治保障和助力长三角一体化发展,使其在中国式现代化新征程中走在前列。会议期间还举行了长三角政府协同立法工作座谈会。三省一市司法行政部门聚焦"进一步打破行政壁垒、提高政策协同"目

---

① 《2023 年长三角基层依法治理工作推进会在湖州安吉举行》,载中国长三角网,https://www.china-csj.org.cn/newsdetail.jsp? colid=1092&fatherid=1085&artid=3416,2024 年 1 月 26 日最后访问。

② 《2023 年长三角区域警务一体化领导小组会议在合肥召开》,载安徽省发展和改革委员会网,https://fzggw.ah.gov.cn/jgsz/jgcs/zsjqyythfzc/gzdt/148595781.html,2024 年 1 月 26 日最后访问。

标,在协同立法项目、地方立法规划、协同立法文本形式、立法需求沟通论证机制、重大利益分歧协调机制等方面进行了沟通和研讨,不断提升协同立法质效。[①]

2023 年 9 月 22 日,长三角及中原地区十二市一区打击侵犯知识产权犯罪区域警务合作会议在安徽省亳州市召开。各参会单位签署了《长三角及中原地区打击侵犯知识产权犯罪区域警务合作协议》,并就如何开展区域合作、更高效地打击知识产权领域犯罪进行了深入交流。会议倡导,为深化区域合作、共谋合作发展,公安系统要在思想合拍上发力、在合力打击上发力、在优化营商环境上发力,不断深化合作层次、拓宽合作领域,在更高水平上推动长三角及中原地区警务合作一体化进程,为经济社会高质量发展贡献更大的公安力量。[②]

2023 年 11 月 17 日,上海市青浦区、江苏省苏州市吴江区、浙江省嘉兴市嘉善县三地司法局联合印发了《长三角生态绿色一体化发展示范区涉企轻微违法行为免罚提示清单》,旨在进一步深化轻微违法免罚制度跨域协同,在示范区内统一免罚标准和执法规则,携手打造一流法治化营商环境。在前期三地各自印发的免罚清单内容的基础上,经充分调研与意见征求,三地协商并确定了 62 项实施高频、实践成熟的三地统一适用的轻微违法不予处罚事项,涉及税务、交通、市场监管等多个执法领域,并联合印发了提示清单。同时,三地加大对提示清

---

① 《2023 年长三角一体化司法行政工作推进会在扬州举行》,载长三角区域合作办公室网,ht-tps://www.china-csj.org.cn/newsdetail.jsp? colid=1092&fatherid=1085&artid=3498,2024 年 1 月 26 日最后访问。

② 《长三角及中原地区十二市一区打击侵犯知识产权犯罪区域警务合作会议在安徽亳州召开》,载民主与法制网,http://www.mzyfz.com/index.php/cms/item-view-id-1604382,2024 年 1 月 26 日最后访问。

单的宣传力度,方便企业和民众查询和使用,为长三角生态绿色一体化发展示范区推进共同行为准则、协同探索创新制度供给提供实践经验。①

2023 年 12 月 6 日,上海市青浦区、浙江省嘉兴市嘉善县、江苏省苏州市吴江区三地司法局举行了法治文化协同建设工作推进会,共同签署了《青浦嘉善吴江三地推进法治文化协同建设合作框架协议》。该协议明确了 10 项任务:建立法治文化建设专题联席会议制度,建立法治文化建设的协同规划机制,加强法治文化项目的规划共商,加强法治文化阵地的共创共建,促进法治文化建设的成果共享,进一步盘活并加强现有法治文化资源的协同利用,共同促进法治文化与红色文化、江南文化、水乡文化、本土文化的融合发展,提升法治文化的渗透力,全面提升长三角核心地区的法治文化建设水平,共同打造长三角法治文化集聚地和输出地。②

2023 年 12 月 7 日,"展翼长三角 创想一体化"长三角警务航空建设交流活动在浙江省嘉兴市嘉善县西塘镇举行。浙苏皖沪三省一市 120 余名警用航空领域精英汇聚一堂,共话警航人才链、创新链、应用链的跨区域融合。活动签订了长三角生态绿色一体化发展示范区首个警航领域协作框架协议,并为浙江警航警用无人机实战应用研究中心嘉善分中心授牌。当天,浙江公安警用无人机实战应用平台正式启用,实现了全省警用无人机"一平台"运行。随着长三角生态绿色一

---

① 《长三角三地联合公布区域一体化涉企轻微违法行为免罚提示清单》,载中华人民共和国司法部网,http://www.moj.gov.cn/pub/sfbgw/jgsz/jgszjgtj/jgtjxzzfxtjdj/xzzfjdjtjxw/202311/t20231-117_489752.html,2024 年 1 月 26 日最后访问。
② 《沪浙苏三地司法局推进法治文化协同建设》,载中华人民共和国司法部网,http://www.moj.gov.cn/pub/sfbgw/fzgz/fzgzggflfwx/fzgzpfyyfzl/202312/t20231212_491429.html,2024 年 1 月 26 日最后访问。

体化发展示范区首个警航领域协作框架协议的落地,浙苏皖沪三省一市公安机关将持续深化长三角警航协作机制建设,搭建跨区域警航数据交换平台,互授权限、互换数据,力争形成前端巡航、后台数据、联动机制"共通、共享、共用"的良好局面。活动强调,依托嘉善智慧警务航空长三角祥符合作实验室,以人才共育、协同共创、成果共享为目标,三省一市公安机关要探索推进跨区域警航人才链、创新链、应用链的跨域融合,打造更多可复制、可落地的长三角警航区域一体化成果,助推长三角区域警务向纵深发展。①

7. 知识产权领域合作

2023年4月20日,2023年全国知识产权宣传周活动启动仪式江苏分会场活动在江苏省苏州市举行。活动中,长三角浙苏皖沪三省一市知识产权局局长共同启动了2023年长三角地区大学生知识产权知识竞赛。本次知识竞赛面向三省一市高等学校在读本专科学生、研究生,旨在吸引更多年轻人关注、了解知识产权,通过推广知识产权知识,宣传知识产权相关政策,营造鼓励知识产权创新和保护的良好环境。三省一市知识产权局组织本地区预选赛,选拔、推荐高校组队参加总决赛。本次竞赛设置团体一二三等奖、最佳院校组织奖、最佳指导老师、优秀院校组织奖、优秀指导老师等奖项。另外,三省一市知识产权局签署了《长三角地区大学生知识产权系列赛事推进协议》,并计划成立知识产权系列赛事组委会,以赛促学、以赛促教、以赛促建,共同推进长三角地区高校知识产权文化普及、促进知识产权学科建设、人才培养,稳步提升

---

① 《长三角示范区首个警航领域协作框架协议落地》,载浙江省人民政府网,https://www.zj.gov.cn/art/2023/12/19/art_1229278450_60189493.html,2024年1月26日最后访问。

高校师生知识产权素养,加快培养高素质知识产权人才。①

2023 年 4 月 20 日,浙苏皖沪三省一市知识产权局分别发布 2022 年各省知识产权发展与保护情况白皮书,《长三角区域重点城市知识产权发展状况报告》也同步出炉。该报告显示,长三角地区知识产权发展综合实力指数在全国处于领先地位:在长三角 27 个重点城市中,上海市、杭州市、苏州市、南京市、合肥市位列前 5 名,每万人高价值专利拥有量接近全国平均水平的 1.7 倍,集成电路布图设计发证量占全国 1/3 以上,专利转让许可活跃度是全国水平的 4.68 倍,累计专利代理机构数量占全国的比重达 29.79%,专利商标质押融资金额占全国总量的 1/2,国家级知识产权保护中心和知识产权快速维权中心数量占全国比重近 1/3。长三角地区知识产权发展在全国和三大国家级战略区域中均处于引领地位。②

2023 年 4 月 20 日,2023 年全国知识产权宣传周活动启动仪式江苏分会场活动暨长三角知识产权新闻发布会在江苏省苏州市举行。浙苏皖沪三省一市知识产权局联合签署了《长三角地区专利代理行业高质量发展一体化合作备忘录》。该备忘录是我国建立的首个专利代理行业省级跨区域合作机制,旨在打破区域间行政壁垒,优化资源配置,统筹推进区域内形成信息互通、经验互鉴、监管互动、评价互认的工作格局,促进专利代理资源要素流通和融合发展。长三角地区是我国专利申请最活跃、创新能力最强的区域之一,也是专利代理机构最密集的区域之一,专利代理机构数占全国专利代

---

① 《2023 年长三角地区大学生知识产权知识竞赛启动》,载国家知识产权局网,https://www.cnipa.gov.cn/art/2023/4/24/art_57_184590.html,2024 年 1 月 26 日最后访问。

② 《长三角区域重点城市知识产权发展状况报告出炉》,载国家知识产权局网,https://www.cnipa.gov.cn/art/2023/4/21/art_3212_184520.html,2024 年 1 月 26 日最后访问。

理机构数的近 30%。①

2023 年 4 月 27 日,长三角仲裁一体化发展联盟在江苏省南京市、无锡市双会场举办"推进知识产权运用转化 共话知识产权仲裁保护"知识产权主题宣传活动。活动现场发布了《长三角知识产权仲裁保护概况白皮书》和十大典型案例。该白皮书是长三角仲裁一体化发展联盟成立以来首次对外发布的仲裁白皮书,旨在促进长三角地区在知识产权领域的深度融合,提升知识产权仲裁保护规范化水平,将长三角地区打造为中国知识产权保护标杆区示范高地。②

2023 年 11 月 8 日,江苏省南京市鼓楼区知识产权局签署了《打造知识产权高质量发展生态圈长三角主要城市中心城区知识产权和商业秘密保护合作协议书》。该协议书规定,签订方需共同深化知识产权保护合作,实现知识产权深层次互联互通,推动构建知识产权发展共商、保护共治、服务共享的一体化发展机制。该协议书从合作构建老字号企业知识产权保护与发展机制、合作提高区域知识产权治理能力、合作开创区域商业秘密保护新局面、合作构建区域知识产权和商业秘密保护执法联动新机制、合作培育区域知识产权和商业秘密保护发展生态 5 个方面明确了合作事项。长三角主要城市中心城区 C9 联盟主要包括:上海市黄浦区,江苏省南京市鼓楼区、苏州市姑苏区、无锡市梁溪区、南通市崇川区,浙江省杭州市上城区、宁波市鄞州区,安徽省合肥市庐阳区、合肥市蜀山区。③

---

① 《长三角建立专利代理行业高质量发展一体化合作机制》,载安徽省发展和改革委员会网,https://fzggw.ah.gov.cn/jgsz/jgcs/zsjqyythfzc/gzdt/148067411.html,2024 年 1 月 26 日最后访问。

② 《长三角首发知识产权仲裁保护白皮书》,载江苏省司法厅 江苏政府法治网,http://sft.jiangsu.gov.cn/art/2023/4/28/art_48513_10879218.html,2024 年 1 月 26 日最后访问。

③ 《南京市鼓楼区签订长三角主要城市中心城区 C9 联盟知识产权保护协议》,载国家知识产权局网,https://www.cnipa.gov.cn/art/2023/11/8/art_57_188464.html,2024 年 1 月 26 日最后访问。

8.教育领域合作

2023年2月19日，长三角教育发展研究院成立大会在上海师范大学联合国教科文组织教师教育中心举行。该研究院将坚持目标导向、需求导向、问题导向，着眼教育改革发展与区域教育实践，立足上海市、辐射长三角、放眼全国，广泛深入开展国内外合作与交流，着力打造教育决策咨询高端智库、学术研究基地和实践创新平台，为政府宏观决策、教育理论建构和学校改革发展服务。同时，该研究院的成立旨在深入推动长三角高质量教育体系的建设，实现一体化协同发展，传递优秀的教育经验和智慧，为教育事业发展贡献力量。[①]

2023年4月26日，长三角托幼一体化产教联盟在上海行健职业学院成立。发展婴幼儿照护和托育服务是我国最重要的民生工程之一，也是促进人口长期均衡发展战略的重要配套工程。作为联盟成立后的首项活动，婴幼儿托育专业建设与人才培养专题研修班于4月26—28日在上海行健职业学院举办。未来，长三角托幼一体化产教联盟将秉持"开放、合作、共享、创新"的理念，充分发挥整体优势，突出各自特色，建设共享共建平台，建立产教融合、校园合作、校校合作互惠互赢机制，推进联盟各单位的合作与共赢，扩大联盟的影响力，为我国学前教育的发展和教学质量的提升探索新路。[②]

2023年5月27—29日，由江苏省应急管理厅和南京大学共同主办的长三角安全发展与应急管理研究联盟成立仪式暨首届论坛在南

---

① 《长三角教育发展研究院在沪成立》，载宁波市对口支援和区域合作局网，http://zyhzj. ningbo. gov. cn/art/2023/3/30/art_1229144783_58901244. html，2024年1月26日最后访问。

② 《在行健院，长三角托幼一体化产教联盟成立！》，载上海教育网，http://edu. sh. gov. cn/zyjy_zjzc/20230509/1f33590d84e24edea5eddad7acce7ed2. html，2024年1月26日最后访问。

京大学国际会议中心举行。国家减灾委员会秘书长郑国光,中国科学院院士、南京大学校长谈哲敏,江苏省应急管理厅党委书记、厅长蒋锋,中国科学院院士、南京大学原校长吕建,江苏省应急管理厅副厅长盛方龙,以及上海市、浙江省、安徽省应急管理厅(局)相关负责同志,长三角地区相关高校应急管理学科负责人等参加了此次活动。在成立仪式上,江苏省、上海市、浙江省和安徽省应急管理厅(局)相关负责同志为"长三角安全发展与应急管理研究联盟"揭牌;华东五校(复旦大学、上海交通大学、南京大学、浙江大学、中国科学技术大学)应急管理学科负责人共同签署了《长三角安全发展与应急管理研究联盟倡议》;江苏省应急管理厅与南京大学签署了战略合作协议。①

2023 年 6 月 26—27 日,长三角高等工程教育联盟在上海理工大学召开工作会议。会上,联盟高校校长共同签署了新一轮框架协议,并发布了《长三角高等工程教育联盟"上海倡议"》。上海市教育委员会副主任孙真荣,浙江省委教育工作委员会委员、浙江省教育厅党组成员、副厅长陈峰,安徽省教育厅副厅长储常连,长三角区域合作办综合协调组组长吕军泰,长三角国家技术创新中心创新教育与人才培养部主任肖功海,南京工业大学校长蒋军成,浙江工业大学党委委员、副校长虞晓芬,江苏大学校长邢卫红,安徽工业大学党委副书记、校长魏先文,安徽理工大学党委副书记、校长、中国工程院院士袁亮等出席会议。②

---

① 《长三角安全发展与应急管理研究联盟成立仪式暨首届论坛在南京举行》,载中华人民共和国应急管理部网,https://www.mem.gov.cn/xw/gdyj/202306/t20230601_452423.shtml,2024 年 1 月 26 日最后访问。

② 《长三角六校发布〈长三角高等工程教育联盟"上海倡议"〉》,载中国长三角网,https://www.china-csj.org.cn/newsdetail.jsp? colid＝1092＆fatherid＝1085＆artid＝3363,2024 年 1 月 26 日最后访问。

2023 年 11 月 17 日,2023 长三角应用型本科高校数字信息技术科教产融合发展论坛在江苏省宿迁市举行。长三角地区 49 所高校的领导、专家教授以及 40 余家数字信息技术行业的主管部门、研究所、优秀企业的代表参加会议。会上,长三角应用型本科高校数字信息技术科教产融合创新联盟成立。该联盟将通过数字信息技术建设、现代产业学院建设及相关学科专业建设论坛等方式,加强校际、校行(行业协会)、校企之间的交流合作;依托华为技术有限公司产业国际化体系和成员高校中外合作办学资源,推进数字信息技术人才培养和现代产业学院国际化;通过科教产深度融合,培养数字信息技术产业高素质应用型人才,为数字信息技术产业高质量发展提供支撑。该联盟的成立将促进产学研深度融合,推动数字信息技术产业高质量发展。[①]

2023 年 10 月 13 日,深化苏港交流合作协议签署仪式举行。仪式上,江苏省教育厅与香港特区政府教育局签署合作备忘录,在 12 个领域达成共识。香港特别行政区与江苏省均为国家高质量发展的重要引擎。江苏省是经济大省,在长三角一体化发展、长江经济带发展战略中担当重要角色。香港特别行政区是粤港澳大湾区核心城市之一,具备"一国两制"、背靠祖国、联通世界的独特优势。香港特别行政区在国家"十四五"规划纲要中的"八大中心"新定位与江苏省"一中心、一基地、一枢纽"的发展目标优势互补,两地合作必将迎来更丰富和更优质的机遇。[②]

2023 年 12 月 9 日,长三角地区中职教育领域的相关领导、专家齐

---

① 《长三角应用型本科数字信息技术科教产融合创新联盟成立》,载江苏省教育厅网,http://jyt.jiangsu.gov.cn/art/2023/11/20/art_57810_11076913.html,2024 年 1 月 26 日最后访问。

② 《江苏省教育厅与香港特区政府教育局签署合作备忘录》,载江苏省教育厅网,http://jyt.jiangsu.gov.cn/art/2023/10/16/art_90051_11112551.html,2024 年 1 月 26 日最后访问。

聚上海市群星职业技术学校,共同参加第五届长三角职业教育一体化协同发展论坛。围绕"凝聚合力 培根铸魂 共谋课程思政高质量发展"主题,与会人员共同探讨了在新时代背景下职业院校高质量建设课程思政的新路径、新举措,展示了当下的新成果,为下一步课程思政建设工作提供有益的借鉴,为职业教育注入新的活力和动力。[①]

2023年12月17日,为积极响应推动长三角一体化发展国家战略部署,发挥工商管理学科在长三角乃至全国产业经济与企业快速发展中的作用,携手打造卓越的长三角工商管理学科发展共同体,构建中国自主的工商管理学科知识体系,长三角工商管理学科联盟成立大会在浙江工商大学举行。会上还举行了长三角工商管理学科联盟揭牌仪式,揭牌仪式由浙江工商大学工商管理学院院长俞荣建主持。浙江工商大学校长王永贵介绍了联盟成立背景及联盟组成单位情况,号召长三角工商管理学科联盟单位共建、共享、共赢,并热烈欢迎其他高校积极加入联盟。随后,各理事长单位代表进行了学科联盟揭牌,王永贵校长颁发了副理事长单位、秘书长证书。[②]

9.信息化领域合作

2023年9月1日,长三角(芜湖)智算中心在安徽省芜湖市正式揭牌。该中心旨在通过算力产业深度融合发展,深化人工智能应用,推进数字产业化和产业数字化,为长三角地区数字经济发展注入新的力量。随着芜湖集群智算项目持续落地,该中心将成为长三角地区规模

[①] 《第五届长三角职业教育一体化协同发展论坛成功举办》,载上海教育网,http://edu. sh. gov.cn/zyjy_zjzc/20231215/51ba7a5ae45a4931adb6f6d33797bf32.html,2024年1月26日最后访问。

[②] 《杭州:长三角工商管理学科联盟成立大会召开》,载浙江在线网,https://town. zjol. com. cn/czjsb/202312/t20231222_26533968. shtml,2024年1月26日最后访问。

最大的智算产业园,并逐步推进人工智能芯片国产化,为新一代信息技术产业高质量发展注入活力和创新动力。[①]

2023年11月9日,长三角一体化数字文明共建共享——数字长三角发展大会在浙江省嘉兴市桐乡市乌镇镇举行。国家互联网信息办公室总工程师孙蔚敏,浙江省人大常委会副主任、党组书记陈金彪致辞,嘉兴市委书记陈伟致辞并做城市推介。上海市、江苏省、浙江省、安徽省的部分城市的政府领导和有关单位负责人,数字领域研究机构、龙头企业、行业协会代表等参加了会议。会上,《数字长三角发展报告(2023)》正式发布;首批数字长三角典型应用场景揭晓;上海市松江区、安徽省合肥市做城市推介;嘉宾围绕"携手共建数字长三角、迈向数字文明新未来"做主旨演讲;"迈向人工智能时代——打造共建共享共治的数字长三角"高峰论坛举行;长三角智能产业百人会发起筹建;《长三角双碳领域数据要素发展一体化合作倡议》《长三角城市数字文旅一体化合作倡议》先后签署;长三角共建数字文明"乌镇对话"合作机制由长三角16个城市共同发起建立。[②]

2023年11月27日,2023年长三角网信办主任会议在上海市召开。会上,上海、江苏、浙江、安徽省(市)委网络安全和信息化委员会办公室共同签署了《关于推进长三角区域网信工作协同发展的合作备忘录》(2.0版),发布了《全民数字素养与技能提升长三角共同行动倡议》,展示了"亮剑浦江"个人信息保护专项执法行动成果。按照《关于

---

① 《长三角(芜湖)智算中心揭牌》,载中华人民共和国国家发展和改革委员会网,https://www.ndrc.gov.cn/xwdt/ztzl/cjsjyth1/xwzx/202309/t20230921_1360762.html,2024年1月26日最后访问。

② 《长三角一体化数字文明共建共享——数字长三角发展大会举行》,载中共嘉兴市委 嘉兴市人民政府网,https://www.jiaxing.gov.cn/art/2023/11/13/art_1592734_59625141.html,2024年1月26日最后访问。

推进长三角区域网信工作协同发展的合作备忘录》(2.0版),4个省(市)委网络安全和信息化委员会办公室将在中央网络安全和信息化委员会办公室的指导下,在网上正面宣传同向同行、网络综合治理加强协作、技术治网水平共同提升、网络法治建设深化合作、数字经济发展优势互补、营商网络环境共同优化、关键核心技术联合攻关等 16 个领域开展新一轮合作,共同写好"1+1+1+1>4"这篇大文章,更好地服务全国网信事业高质量发展。[1]

2023 年 12 月 12 日,《安徽省人民政府办公厅关于印发推进长三角枢纽节点芜湖数据中心集群建设若干举措的通知》(皖政办秘〔2023〕52 号)发布。该举措提出,到 2025 年底,将建好芜湖数据中心集群起步区(芜湖市鸠江区、弋江区和无为市,简称"起步区"),推动形成一批"算力+汽车""算力+工业""算力+农业"等特色产业集聚发展。对起步区建设符合专项债券资金投向领域的项目,安徽省财政支持并做好专项债券项目储备、需求申报、安排发行等工作。2023—2025 年,安徽省级每年统筹安排 1 亿元用于支持起步区数据中心项目建设。[2]

10.金融领域合作

2023 年 5 月 19 日,中国民主建国会上海市金融工作委员会与中国民主建国会嘉兴市委员会在上海市举办了构建沪嘉两地民建长效

---

[1] 《"1+1+1+1>4"2023年长三角网信办主任会议在上海召开》,载中华人民共和国国家互联网信息办公室网,http://www.cac.gov.cn/2023-11/29/c_1702924726692271.htm,2024 年 1 月 26 日最后访问。

[2] 《〈安徽省人民政府办公厅关于推进长三角枢纽节点芜湖数据中心集群建设若干举措〉的政策解读》,载安徽省人民政府网,https://www.ah.gov.cn/public/1681/564289711.html,2024 年 1 月 26 日最后访问。

合作交流协同发展战略合作协议签约暨长三角科创金融民建会员会客厅揭牌仪式。民建嘉兴市委与民建上海市金融工委、民建上海市金融工委调研委签订《结对共建战略合作协议》《关于科创金融改革试验区建设若干问题思考联合课题合作协议》。与会代表表示,希望以此次签约为契机,充分发挥民建密切联系经济界的特色,以及两地民建在各自领域的优势,共同探索金融支持科技创新的新路径、新模式,推动区域合作资源及渠道共享,开展开放创新生态共建,促进科创和金融产业发展,实现互利共赢,助力长三角区域向更高水平、更广领域创新发展。①

2023 年 6 月 15 日上海市银行同业公会、江苏省银行业协会、浙江省银行业协会、安徽省银行业协会及宁波市银行业协会 5 家银行业自律组织联合成立了长三角区域银行业协会联席会议,并签署了《长三角区域银行业协会支持长三角金融一体化发展合作备忘录》。②

2023 年 8 月 25 日,由中信银行合肥分行下辖滁州分行主承销的 23 蔚然投资 MTN001(科创票据)顺利完成发行缴款,首期发行金额 1 亿元,发行期限 3 年,票面利率 3.99%。该笔债券的成功发行为科技创新企业在其业务领域内深耕细作注入动力,同时也标志着长三角地级市首单募集资金专项用于以股权出资方式支持科创领域的科创票据成功落地。③

---

① 《沪嘉两地民建携手推动长三角科创金融创新发展》,载嘉兴市长三角一体化发展办公室网,https://csjfzb. jiaxing. gov. cn/art/2023/5/23/art_1601418_58932479. html,2024 年 1 月 26 日最后访问。
② 《长三角区域银行业协会联席会议成立》,载宁波市发展和改革委员会网,http://fgw. ningbo. gov. cn/art/2023/6/16/art_1229662413_58963718. html,2024 年 1 月 26 日最后访问。
③ 《长三角地级市首单科创票据落地安徽》,载中共安徽省委金融委员会办公室　中共安徽省委金融工作委员会　安徽省地方金融管理局网,http://ahjr. ah. gov. cn/xwzx/dfjr1/sxdt/8781747. html,2024 年 1 月 26 日最后访问。

11.交通领域合作

2023 年 2 月 22 日,长三角地区三省一市交通运输部门主要负责人工作会议在江苏省南通市举行。会上,三省一市交通运输部门共同签署了《省级综合交通运输调度和应急指挥协议》《超限超载严重失信主体对象名单联合整治备忘录》,以提高区域协同监管水平。2023 年,三省一市将继续推进长三角交通基础设施快联快通建设,依托城市群、都市圈构建优势互补、合作共赢的协调发展格局;共建轨道上的长三角,加快打通省际待贯通公路,协同推进水上长三角,合力打造世界级机场群。①

2023 年 6 月 7 日,第三届长三角综合交通发展大会在安徽省合肥市召开。交通运输部总工程师兼水运局局长李天碧、安徽省副省长单向前、江苏省副省长夏心旻,以及上海市、浙江省有关负责同志出席了会议并致辞。中国公路学会理事长翁孟勇、江苏省综合交通运输学会理事长史和平,以及三省一市交通运输部门主要负责同志和来自浙苏皖沪等地相关代表出席了会议。大会强调,2023 年是长三角一体化发展上升为国家战略 5 周年,是习近平总书记在合肥市主持召开长三角一体化发展座谈会 3 周年,三省一市要深入学习贯彻习近平总书记关于长三角一体化发展的一系列重要讲话重要指示,紧扣"一体化"和"高质量"两个关键词,深入推进基础设施互联互通建设,持续提升运输服务一体化水平,不断健全交通协同发展机制,使交通一体化更好地促进区域协同发展。作为长三角地区主要领导座谈会的场外活动,

---

① 《长三角地区携手推动交通一体化发展》,载安徽省发展和改革委员会网,https://fzggw.ah.gov.cn/jgsz/jgcs/zsjqyythfzc/wgqklj/147781981.html,2024 年 1 月 26 日最后访问。

本次大会以"共建先行区　服务新格局"为主题,发布了长三角地区交通运输重大合作成果,邀请相关专家进行了主旨演讲,签署了省际交通互联互通建设等 7 项战略合作框架协议。①

2023 年 10 月 23 日,上海市交通委员会机关党委与上海城投公路集团党委在长三角生态绿色一体化发展示范区规划展示馆共同举办了"党建引领一体化发展　同心共铸水乡客厅之路"暨 G318 方厅水院段建成通车总结会。G318 方厅水院段的建成通车为长三角一体化建设工程提供了可快速实施、可持续实施及可推广实施的经验。此项目是一体化公路建设的一次新的尝试、新的突破。总结会上,上海市交通委员会交通建设处、上海市青浦区建设和管理委员会(交通委)、苏州市吴江区交通运输局、嘉兴市嘉善县交通运输局、上海城投公路集团共同签署《长三角一体化发展示范区交通建设工程合作备忘录》。②

2023 年 11 月 2 日,上海市交通委员会、江苏省交通运输厅、浙江省交通运输厅、安徽省交通运输厅、上海市大数据中心、江苏省政务服务管理办公室、浙江省大数据发展管理局、安徽省数据资源管理局等 8 个部门联合印发《长三角交通领域"一码通行"工作方案(2023—2025 年)》。该工作方案旨在在交通联合卡、社保卡等实现"一卡通行"的基础上,在交通运输部运输服务司大力支持下,三省一市交通管理部门、大数据管理部门通力合作,按照"部标二维码互联互通、省级政务码试点应用"原则,推进长三角地区交通领域"一码通行"。③

---

① 《第三届长三角综合交通发展大会在肥召开》,载安徽省交通运输厅网,https://jtt. ah. gov. cn/public/21701/121629321. html,2024 年 1 月 26 日最后访问。

② 《党建引领一体化发展　同心共铸水乡客厅之路》,载上海市交通委员会网,https://jtw. sh. gov. cn/xydt/20231110/c7d0587c72f043c29972d7834f34b07d. html,2024 年 1 月 26 日最后访问。

③ 《关于印发〈长三角交通领域"一码通行"工作方案(2023—2025 年)〉的通知》,载上海市交通委员会网,https://jtw. sh. gov. cn/zxzfxx/20231109/1baa1fc056f14a48832cf5a27fa85e47. html,2024 年 1 月 26 日最后访问。

2023 年 11 月 7 日,第三届智能交通上海论坛举办。论坛上,上海市、江苏省、浙江省、安徽省交通行政主管部门负责人签署了《"一码通行"合作备忘录》,这标志着长三角地区交通领域"一码通行"正式启动。根据计划安排,2023 年首先在上海市与苏州市、嘉兴市等城市启动互联互通试点。2024 年,计划扩大至浙苏皖沪 11 个城市,包括杭州市、台州市、绍兴市、宁波市、南京市、无锡市、徐州市、南通市、淮安市、连云港市、合肥市。2025 年,城市范围还将进一步扩大。上海市交通委员会表示,上海市将继续依托 MaaS(出行即服务)"随申行"平台,将其升级至区域级 MaaS 4.0,并逐步将出行服务拓展至长三角的其他区域,与兄弟省市的出行服务平台进行对接与合作,共同打造长三角 MaaS 出行联盟,推动建立长三角一体化出行生态圈。①

2023 年 12 月 12 日,苏州市交通运输局联合上海市青浦区交通委员会、浙江省嘉兴市交通运输局等相关单位开展了长三角一体化示范区交通运输突发事件联合处置应急演练暨青苏嘉交通运输应急联动合作签约仪式活动。此次活动旨在全面推进长三角区域交通运输一体化应急联动机制建设。合作协议签订后,三方领导共同为长三角区域交通运输联合执法协作示范点揭牌。这标志着三地交通运输部门应急协同、执法协作步入常态化。本次活动不仅共同构筑了长三角交通运输安全防线,还为提高长三角生态绿色一体化发展示范区人民群众的安全感、幸福感和满意度贡献了重要的交通保障。②

---

① 《长三角交通启动"一码通行"》,载中华人民共和国中央人民政府网,https://www.gov.cn/lianbo/difang/202311/content_6914126.htm,2024 年 1 月 26 日最后访问。

② 《长三角一体化示范区交通运输突发事件联合处置应急演练暨青苏嘉交通运输应急联动合作签约活动在苏举办》,载苏州市人民政府网,https://www.suzhou.gov.cn/szsrmzf/bmdt/202312/18e38897a3ef46ae9db697e0f146af5c.shtml,2024 年 1 月 26 日最后访问。

12.人力社保领域合作

2023 年 1 月 8 日,第十五届中国长三角青年企业家高峰论坛在线上举办。本届论坛以"青春长三角 奋进新征程"为主题,由中国青年企业家协会指导,浙苏皖沪三省一市团委主办,三省一市青年企业家协会等组织承办。参会各方签署了《长三角数字干线·青年企业家专线建设合作框架协议》《关于共同促进长三角青年企业家智库建设的协议》《长三角青年企业家产业创新联合体 2022—2023 年行动计划》,旨在支持长三角地区青年企业家为推进长三角一体化高质量发展做出贡献。[①]

2023 年 4 月 23 日,长三角"侨梦苑"发展论坛在上海市松江区举行。本次论坛由上海市、江苏省、浙江省、安徽省三省一市党委统战部(侨办)主办,松江区委统战部(侨办)承办,长三角 G60 科创走廊联席会议办公室、上海临港控股股份有限公司协办。本次论坛以"才聚长三角·智汇 G60"——"侨梦苑"助力科创中心高质量发展为主题。论坛上,浙苏皖沪三省一市共同发布了《支持长三角"侨梦苑"一体化高质量发展倡议》,上海"侨梦苑"长三角 G60 科创走廊(松江)启动。[②]

2023 年 10 月 19 日,《上海市退役军人事务局 江苏省退役军人事务厅 浙江省退役军人事务厅 安徽省退役军人事务厅关于做好长三角自主就业退役士兵跨省异地职业技能培训工作的通知》发布。该通知明确要求各级退役军人事务部门要积极发挥三省一市培训资源和人力资源优势,共同推进退役士兵跨省异地职业技能培训工作,

---

① 《第十五届中国长三角青年企业家高峰论坛在线上举办》,载中国长三角网,https://www.china-csj.org.cn/newsdetail.jsp? colid=1093&fatherid=1085&artid=2955,2024 年 1 月 26 日最后访问。

② 《长三角"侨梦苑"发展论坛在上海松江举行》,载安徽省发展和改革委员会网,https://fzggw.ah.gov.cn/ywdt/ztzl/zsjythzhxxglfwpt/tszs/148067601.html,2024 年 1 月 26 日最后访问。

旨在提高自主就业退役士兵就业创业能力，更好地实现他们的自身价值，为经济社会发展、国防和军队建设提供服务，并为加速建设社会主义现代化强国提供退役军人人才支持。①

2023 年 9 月 22 日，长三角 G60 科创走廊宣城科创中心揭牌仪式在上海市松江区举办。作为安徽省宣城市首个 G60 产业协同创新中心项目，长三角 G60 科创走廊宣城科创中心是宣城市招引高层次人才、培育科创项目的重要窗口。该项目位于临港松江园区创智一期 6 号，建筑面积超 1 万平方米，已有华晟新能源、安徽奥吉、先进光伏研究院、海螺建筑光伏、开盛新能源等 13 家企业入驻。②

2023 年 12 月 27 日，上海市、江苏省、浙江省人力资源和社会保障部门联合对长三角生态绿色一体化发展示范区内 572 家制造业企业 13.6 万从业人员的 2022 年工资性收入数据进行分析和研究，形成了《2023 年长三角一体化示范区制造业企业市场工资价位》，并联合向社会发布。本次调查的职业按《中华人民共和国职业分类大典（2022 年版）》的职业小类划分。本报告所指工资价位数据指不同职业小类从业人员在 2022 年取得的全部工资性收入，包括基本工资、奖金、津贴、补贴、加班工资等。报告显示，在 106 个职业类别中，"商务专业人员"的工资年薪高位数最高，为 366698 元。此外，"机械工程技术人员""工业（产品）设计工程技术人员""电子工程技术人员""法律顾问""销售人员"5 类人员年薪高位数都超过了 30 万元。③

---

① 《沪苏浙皖：联合建立长三角自主就业退役士兵跨省异地职业技能培训制度》，载中华人民共和国退役军人事务部网，https://www.mva.gov.cn/xinwen/dfdt/202311/t20231120_92739.html，2024 年 1 月 26 日最后访问。

② 《长三角 G60 科创走廊宣城科创中心正式启用》，载安徽省发展和改革委员会网，https://fzggw.ah.gov.cn/ywdt/ztzl/zsjythzhxxglfwpt/dtzx/148774371.html，2024 年 1 月 26 日最后访问。

③ 《示范区制造业市场工资价位发布》，载上海市人民政府网，https://www.shanghai.gov.cn/nw4411/20231227/8d2bf809041540a5bd2c2c19f4981816.html，2024 年 1 月 26 日最后访问。

13.民生领域合作

2023 年 4 月 12 日,由安徽省合肥市民政局倡议发起的长三角三市一区民政区域合作交流会在安徽省合肥市举行。该会的目标是推动长三角三市一区民政差异化融合发展,从点线合作迈向更深层次的合作。安徽省民政厅党组书记、厅长余向东,合肥市市长罗云峰出席会议并致辞。会上,上海市浦东新区民政局、江苏省南京市民政局、浙江省杭州市民政局及安徽市合肥市民政局共同签订了《长三角三市一区民政工作合作框架协议》。该协议旨在推动三市一区民政工作资源共享共用、服务标准互建互认、人才队伍与服务机构共训共享,以实现在养老服务、社会救助、社会治理等多个领域的精准对接。[①]

2023 年 6 月 6 日,在安徽省合肥市举行的长三角一体化发展成果发布会上,三省一市将加快推动长三角生态绿色康养基地建设,在养老机构等级评定、养老护理职业技能等级认定、长期护理保险异地结算等方面开展一体化试点,支持养老服务企业连锁化、规模化发展,鼓励推行长三角区域异地养老、候鸟式养老、疗养式养老、田园式养老模式。目前,长三角地区 41 个城市已经实现了门诊费用直接结算全覆盖,涉及医疗机构 1.5 万余家,累计结算 1700 余万人次,涉及医疗费用 50 余亿元。在长三角生态绿色一体化发展示范区,越来越多的壁垒被打破。上海市青浦区、江苏省苏州市吴江区和浙江省嘉兴市嘉善县已经实现医保异地结算免备案,并试点了养老公共服务清单、百岁

---

① 《长三角民政一体化发展向纵深迈进 上海浦东新区南京杭州合肥签订〈长三角三市一区民政工作合作框架协议〉》,载中华人民共和国民政部网,https://www.mca.gov.cn/n152/n166/c43374/content.html,2024 年 1 月 26 日最后访问。

老年人高龄补贴统一标准等。同时,三地还在积极探索"养老机构服务与管理"标准及"老年照护评估"标准互认互通。①

2023 年 7 月 28 日,上海市卫生健康委员会、上海市公安局、上海市医疗保障局等多部门联合印发《长三角区域出生"一件事"跨省通办工作方案》。各部门应按照出生"一件事"总体节点要求,遵循协同联动、稳妥推进的基本原则,加大力度、加快进度。总体工作计划为 2023年 1—5 月,做好工作衔接、部门对接、流程梳理,并制定工作方案;6 月底前,出台工作方案,同步建设长三角区域出生"一件事"主题专栏;10月底前,上海市和浙江省完成省际对接工作,试点长三角生态绿色一体化发展示范区 5 项事务的跨省通办;12 月底前,各省(直辖市)完成分发系统、配套功能及相关办事系统的开发改造,以及办件对接联调。同时,制定操作规程,展开业务培训活动。②

2023 年 11 月 6 日,2023 长三角社会组织协同发展(苏州)大会暨江苏省社会组织展示交流会在江苏省苏州市开幕。来自民政部社会组织管理局,上海市、江苏省、浙江省、安徽省三省一市政府部门、高校和社会组织领域的相关负责人、专家教授参加会议。会上,长三角社会组织专家库成员被授予了聘书,"江苏长三角社会组织协同发展研究院"正式揭牌;浙苏皖沪三省一市社会组织代表共同发布了《沪苏浙皖行业协会商会共同助力长三角一体化高质量发展倡议书》,倡议协同打造区域融通"都市圈"、要素融合"产业链"、战略融贯"经济带";表彰了首届"江苏省先进社会组织"代表、获得 5A 等级的江苏社会组织

---

① 《【新华每日电讯】长三角培育异地养老新模式》,载安徽省发展和改革委员会网,https://fzggw. ah. gov. cn/ywdt/ztzl/ahmsgc/wkms/148254781. html,2024 年 1 月 26 日最后访问。

② 《关于印发〈长三角区域出生"一件事"跨省通办工作方案〉的通知》,载上海市人民政府网,https://www. shanghai. gov. cn/gwk/search/content/f72bd13c04c549d9b3bf90b22be7ec95,2024 年1 月 26 日最后访问。

代表,并颁发了首批苏州"社会组织品牌展示空间"证书;发布了苏州社会组织助力产业创新集群优秀案例和《苏州社会组织助推产业创新集群高质量发展调研报告》。①

14. 文化旅游领域合作

2023 年 3 月 2 日,"春天,我和湖州有个约会"2023 长三角旅行商大会暨携程集团(浙江)旅游振兴 A 计划启动仪式在浙江省湖州市举办。会上,湖州市文化广电旅游局分别与携程文旅产业联盟、中国银行湖州分行签订了《湖州文旅产业高质量发展战略合作协议》《"旅行社复苏订单贷"金融服务协议》;浙江省旅行社协会与湖州市旅游协会签订了《客源输送协议》;长三角一体化旅游联盟与湖州市文旅集团签订了《长三角旅游推广发展合作协议》。其间,浙苏皖沪三省一市代表城市发布了《长三角文旅高质量发展湖州倡议》。携程集团发布了《浙江省 2023 旅游振兴 A 计划》,湖州市作为"A 计划"的浙江省首发城市,与携程集团签署了《〈湖州——携程 2023 旅游振兴 A 计划〉战略合作协议》。大会还发布了 2022 年长三角最受游客喜爱的旅游目的地、湖州市"2022 年长三角旅行商最佳合作伙伴"、湖州十大春季旅游主题产品线路。②

2023 年 3 月 20 日,由上海市以及杭州市、镇江市、安庆市、亳州市的市场监督管理部门联合提出,亳州市住房和城乡建设局、安徽省亳州市博物馆、亳州市文物保护发展中心、亳州市城乡规划设计院等长

---

① 《2023 长三角社会组织协同发展(苏州)大会暨江苏省社会组织展示交流会在苏州举办》,载中华人民共和国民政部网,https://www.mca.gov.cn/n152/n166/c1662004999979995566/content.html,2024 年 1 月 26 日最后访问。

② 《2023 长三角旅行商大会在浙江湖州举办》,载中国长三角网,https://www.china-csj.org.cn/newsdetail.jsp? colid=1090&fatherid=1085&artid=3126,2024 年 1 月 26 日最后访问。

三角区域 14 家单位共同编制的长三角历史文化名城区域地方标准《历史建筑保养维护规范》发布。该标准是长三角地区历史文化名城建设领域首项标准化合作成果。[1]

2023 年 4 月 13 日,浙苏皖沪三省一市文旅部门在上海市共同签署《长三角文化和旅游一体化高质量发展 2023 浦江宣言》。这标志着新一轮长三角文旅一体化高质量发展的重要任务正式启动。具体内容主要有:共同构建公共文化服务高质量发展先行区、高能级文化和旅游产业发展高地、世界级高品质文化和旅游目的地、高标准文物保护和考古研究中心、高水平文旅开放双循环战略链接;持续推进以社保卡为载体的长三角居民服务"一卡通"项目,在旅游观光、文化体验方面实现"同城待遇";联合开展中国长三角旅游和第 19 届亚运会主题推广活动,努力拓展入境旅游市场,并推动长三角地区文化市场综合行政执法协作机制的建立;共同支持文化和旅游企业将优秀文化作品和优质旅游产品推向海外市场,促进文化和旅游产业的国际化合作。[2]

2023 年 9 月 1 日,第三届长三角地区国家公共文化服务体系示范区(项目)合作机制大会暨长三角地区"文旅公共服务促消费"专题交流活动在江苏省镇江市举行。大会通报了长三角地区国家公共文化服务体系示范区(项目)合作机制近年来取得的主要工作成效,发布了《长三角地区公共文化创新案例汇编(2021—2022)》。镇江市与下一届轮值城市浙江省嘉兴市交接了会旗。大会还发布了长三角地区国

---

[1] 《首个长三角历史文化名城区域地方标准发布》,载安徽省发展和改革委员会网,https://fzggw.ah.gov.cn/jgsz/jgcs/zsjqyythfzc/gzdt/148023351.html,2024 年 1 月 26 日最后访问。

[2] 《长三角省市启动新一轮文旅一体化高质量发展重点任务》,载中华人民共和国中央人民政府网,https://www.gov.cn/lianbo/2023-04/14/content_5751366.htm,2024 年 1 月 26 日最后访问。

家公共文化服务体系示范区(项目)合作机制《镇江倡议》,旨在让三省一市共同启动文旅公共服务高质量发展"五个一百"行动计划。该行动计划具体包括:成立长三角地区文化旅游志愿者联盟,每年开展100个志愿服务项目;开展长三角地区文化旅游促消费活动,每年遴选100个旅游点位列入旅游线路;举办长三角地区精品文艺巡展巡演活动,每年举办100场巡展巡演;开展长三角地区文旅行业数字人民币推广应用,每年推出100个数字人民币应用场景;实施长三角地区公共文旅服务创新项目,每年推出100个公共文旅服务高质量发展创新案例。[①]

2023年9月26日,以"文旅深融合 古镇心体验"为主题的第四届长三角一体化古镇发展大会在上海市青浦区朱家角举办。浙苏皖沪三省一市文旅部门共同签署了《长三角古镇一体化高质量发展朱家角共识》,旨在进一步推动三省一市古镇文旅深度融合。此次大会聚焦共同加强古镇文化挖掘利用、共同推进古镇文旅深度融合、共同加强古镇品牌宣传推广、共同完善古镇合作对话机制4个方面的工作。[②]

2023年10月30—31日,2023长三角自驾畅游"浙里山路"推广活动暨联盟花园(衢州)户外旅游发展大会在浙江省江山市举办。本次大会由浙江省文化广电和旅游厅、上海市文化和旅游局、江苏省文化和旅游厅、安徽省文化和旅游厅、衢州市政府联合主办,旨在

---

① 《长三角国家公共文化服务体系示范区合作机制大会在镇江召开》,载中国长三角网,https://www.china-csj.org.cn/newsdetail.jsp?colid=1092&fatherid=1085&artid=3479,2024年1月26日最后访问。

② 《长三角三省一市签署古镇领域专项合作框架协议》,载中国长三角网,https://www.china-csj.org.cn/newsdetail.jsp?colid=1092&fatherid=1085&artid=3507,2024年1月26日最后访问。

持续推进长三角自驾旅游市场的发展,促进世界级旅游目的地的建设和促进户外旅游业的发展。大会举行了《长三角旅游协会互送游客合作协议》签约仪式、"江山乡村美食及产业线上化"战略合作签约仪式等。[①]

2023年11月9日,在2023年世界互联网大会乌镇峰会期间,长三角一体化数字文明共建共享——数字长三角发展大会在乌镇镇举行。会上,长三角地区16个城市发起建立长三角共建数字文明"乌镇对话"合作机制。这一合作机制将依托乌镇峰会平台,面向长三角城市,打造常态化、开放性且具有实效的合作载体。该合作机制的具体内容包括每年举办一场共建数字文明"乌镇对话"主题会议或论坛,每年发布一批数字文明标志性成果,每年发起一批共建载体或合作项目等内容。大会期间,长三角相关城市还共同签署了《长三角双碳领域数据要素全流程管理一体化合作倡议》《长三角城市数字文旅一体化合作倡议》。[②]

2023年11月16日,由浙江省、上海市、江苏省、安徽省三省一市党委宣传部主办的第四届长三角国际文化产业博览会在国家会展中心(上海)开幕。开幕式发布了《2023长三角文化产业发展蓝皮书》《首批长三角人文经济典型案例》和《2023年度长三角文化产业及相关产业重大项目》,相关单位签署了《关于着力推动长三角文化产业繁荣发展的合作备忘录》。经过3届的成功举办和5年的持续发展,长三角文博会已成为推动长三角文化产业高质量一体化发展的重要平

---

① 《浙沪苏皖推进长三角文旅一体化》,载中华人民共和国文化和旅游部网,https://www.mct.gov.cn/whzx/qgwhxxlb/zj/202311/t20231103_949509.htm,2024年1月26日最后访问。

② 《长三角16城共建数字文明"乌镇对话"合作机制》,载人民网,http://ah.people.com.cn/n2/2023/1112/c358428-40637460.html,2024年1月26日最后访问。

台，也成为获得国际展览联盟 UFI（Union des Foires Internationales）认正的权威展会。[①]

2023 年 11 月 10 日，在浙江省博物馆之江新馆举行的"之江文化有约"活动中，长三角浙苏皖沪三省一市 7 家博物馆发起成立了长三角博物馆联盟。该联盟的目标在于促进博物馆资源开放共享、协同创新，实现优势互补、联动发展，进一步做好对江南文化、长江文化乃至中华文明的研究和传承工作。此外，浙江省博物馆、中国丝绸博物馆、浙江省自然博物院与浙江省 11 个设区市的市级博物馆正式签约成立了"全省博物馆共同体"，以加强浙江省博物馆界的联动发展，强化馆际交流合作。[②]

15. 农业领域合作

2023 年 6 月 5—6 日，长三角农业重大病虫疫情联防联控技术交流会在浙江省杭州市召开。浙江省植保检疫与农药管理总站陆剑飞站长主持会议。长三角地区省级植保部门负责人及部分市、县（市、区）植保站长参加会议。会议邀请了全国农业技术推广服务中心曾娟处长、南京农业大学翟保平教授等做专题报告。会上，浙苏皖沪三省一市交流了各自植保工作情况，并围绕农业重大病虫区域防控进行了座谈研讨；商讨分析了早稻病虫害的发生趋势，并签署了《长三角农业重大病虫疫情联防联控机制合作备忘录》。会议还签署发布了《长三角农业重大病虫疫情联防联控机制十条意见》，旨在探索建立病虫疫

---

① 《第四届长三角文博会开幕》，载浙江省人民政府网，https://www.zj.gov.cn/art/2023/11/22/art_1229278448_60182917.html，2024 年 1 月 26 日最后访问。

② 《长三角 7 家博物馆发起成立联盟》，载中华人民共和国文化和旅游部网，https://www.mct.gov.cn/whzx/qgwhxxlb/zj/202311/t20231121_949825.htm，2024 年 1 月 26 日最后访问。

情信息共享机制和重大病虫疫情联合会商制度,加强对迁飞性害虫的阻截防控和对流行性病害的区域化控制,并联合开展技术督促指导,以推动长三角地区植保工作一体化发展。①

2023 年 9 月 9 日,长三角三省一市农业农村厅长（主任）座谈会在上海市金山区召开。此次座谈会以"深化农业科技创新合作"为主题,旨在促进三省一市农业农村部门交流经验、取长补短、协同发力,共商下一步合作发展的新思路、新突破和新举措。此次座谈会不仅进一步加强和深化长三角地区在乡村振兴方面的合作,而且共同推动了长三角区域农业农村高质量发展。会上,"长三角农业农村领域轻微违法行为不予行政处罚清单""实现长三角农产品达标合格证电子化开证、带证上市,追溯信息互联互通成果""长三角区域农作物品种一体化管理协议"等 3 项合作成果正式发布。②

16. 住建部门合作

2023 年 5 月 12 日,位于流经浙江省、江苏省、上海市两省一市的太浦河两岸的"一点"方厅水院项目获得了上海区域桩基建设工程施工许可证。这也是首张由青浦区通过上海市工程建设项目审批管理系统审批的跨省建筑工程电子施工许可证。上海市青浦区、浙江省嘉兴市嘉善县、江苏省苏州市吴江区其余标段也将继续复制推广经验在该平台发证。依靠上海市成熟完善的审批管理系统,浙江省嘉善县、

---

① 《长三角农业重大病虫疫情联防联控技术交流会在杭州召开》,载中华人民共和国农业农村部网,http://www.moa.gov.cn/xw/qg/202306/t20230607_6429664.htm,2024 年 1 月 26 日最后访问。

② 《再添合作新成果 共商科创新举措 长三角三省一市农业农村厅厅长（主任）座谈会在沪召开》,载上海市农业农村委员会网,https://nyncw.sh.gov.cn/tpxw/20230913/4ccb130b4f5445e9-96be7590b07b5059.html,2024 年 1 月 26 日最后访问。

江苏省苏州市吴江区标段将通过上海市住房和城乡建设管理委员会进行平台数据录入,解决浙江省嘉兴市嘉善县、江苏省苏州市吴江区用地规划许可和建设工程规划许可证数据互认问题,最终由上海市青浦区统一发放施工许可证。这一流程实现了"一表申请、一网办理、数据共享及互认"的目标,为加强三地工程一体化监管和完善后续验收机制奠定了基础。①

2023 年 11 月 25 日,长三角建设科技发展论坛在上海市举办。住房和城乡建设部标准定额司司长姚天玮出席论坛并致辞,浙江省住房和城乡建设厅党组成员、总工程师宋炳坚做主题发言,浙江省住房和城乡建设厅科学技术委员会组织相关专家参加论坛。本次论坛以"科技赋能 创新发展"为主题,旨在构建开放融合的建设领域长三角创新生态环境,推动打造"合作、共建、共享"的长三角建设科技品牌集聚效应,建设具有全球影响力的长三角科技创新共同体。论坛上,浙苏皖沪三省一市住房城乡建设主管部门共同发布了《长三角建设科技高质量一体化发展倡议书》。该倡议书明确了以人为本、创新引领的发展思路。倡议书强调,要将人民对美好生活的向往作为工作的出发点和落脚点,强化理念创新、方法创新、技术创新、能力创新在绿色低碳城市建设、智能建造与新型建筑工业化、基础设施与城市管理数字化转型等方面的重要性。同时,倡议书号召加强科研联合攻关,加快创新成果产业转化,推动新质生产力的形成。②

2023 年 12 月 14 日,长三角住房公积金一体化战略合作实施三周

---

① 《长三角一体化跨省施工许可证获批》,载上海市住房和城乡建设管理委员会网,https://zjw. sh. gov. cn/yhyshj-zxdt/20230602/5f7304b403a64b8487909adac7a7f6b7. html,2024 年 1 月 26 日最后访问。

② 《长三角建设科技发展论坛成功举办》,载浙江省住房和城乡建设厅网,https://jst. zj. gov. cn/art/2023/11/27/art_1569971_58934415. html,2024 年 1 月 26 日最后访问。

年研讨会暨成果展在浙江省嘉兴市嘉善县成功举办。住房和城乡建设部公积金监管司司长杨佳燕出席会议并讲话,浙江省住房和城乡建设厅党组书记、厅长应柏平致辞,厅党组成员、副厅长施卫忠做主题发言。浙苏皖沪三省一市住建部门和公积金中心负责人参加会议并做经验交流。研讨会集中展示了一批长三角公积金一体化的标志性成果,发布了《长三角住房公积金一体化新发展阶段倡议书》。会议强调了群策群力发挥制度作用、坚持协同合作,共建共享推动互联互通、坚持服务为先,全心全意优化营商环境、坚持数字赋能,稳扎稳打提升管理水平、坚持党建引领,凝心聚力强化作风建设5个方面的内容。①

17.科技领域合作

2023年2月1日,长三角G60科创走廊职工科创成果发布交易中心启用仪式在上海市松江区举行。上海市总工会主席莫负春,推进G60科创走廊建设专责小组副组长、长三角G60科创走廊联席会议执行主席、松江区委书记程向民出席仪式并致辞。活动现场,G60科创走廊九城市工会有关负责人以视频方式共同签署了《长三角G60科创走廊九城市总工会关于共同促进职工创新创造发明成果高水平推广转化联合行动协议》。松江区总工会、上海国际知识产权运营管理有限公司、松江区知识产权局、松江区科创发展办公室共同签订了《高质量协同推进松江区职工创新成果和专利技术全链条培育转化四方合

---

① 《长三角住房公积金一体化战略合作实施三周年研讨会暨成果展在浙江嘉善成功举办》,载浙江省住房和城乡建设厅网,https://jst.zj.gov.cn/art/2023/12/15/art_1569971_58934601.html,2024年1月26日最后访问。

作框架协议》。①

2023 年 4 月 6 日,上海市科学技术委员会、江苏省科学技术厅、浙江省科学技术厅、安徽省科学技术厅联合印发了《长三角科技创新共同体联合攻关计划实施办法(试行)》。该实施办法提出,三省一市科技厅(委)按程序发布长三角联合攻关指南,接受储备库的单位及符合指南方向的其他长三角区域单位可以根据指南申报项目,项目承担单位中应包括三省一市两地及以上的单位;相关管理机构从国家科技专家库中选取专家开展评审;三省一市科技厅(委)共同确定拟立项建议名单,按程序报批后予以立项;项目实施过程中,承担单位应加强不同任务间的沟通、互动、衔接与集成,确保高质量完成相关研发任务;在监督评估工作中,科研人员要强化责任意识、绩效意识、自律意识和科研诚信。②

2023 年 5 月 21—22 日,第三届长三角光电论坛在江苏省南通市举办。5 月 21 日,长三角光电技术创新中心正式揭牌并落户南通市创新区。光电技术是新一代信息技术的核心,依托充沛的科教资源和强大的产业化能力,长三角地区已经成为全国光电技术最先进、产业体系最健全、创新活力最旺盛的区域之一。作为长三角中心区重点城市之一,南通市在全国较早布局光电产业。全市拥有光电产业相关企业300 多家,主要规上企业占新一代信息技术和新材料主要规上企业比重超过 30%,涉及光通信、光伏发电、半导体光电元器件等多个细分领

---

① 《长三角 G60 科创走廊职工科创成果发布交易中心启用》,载中国长三角网,https://www.china-csj.org.cn/newsdetail.jsp?colid=1090&fatherid=1085&artid=3000,2024 年 1 月 26 日最后访问。

② 《〈长三角科技创新共同体联合攻关计划实施办法(试行)〉政策解读》,载上海市人民政府网,https://www.shanghai.gov.cn/nw12344/20230406/b3f0115fd845471998ab5ca2a2e3d321.html,2024 年 1 月 26 日最后访问。

域,光电产业集聚效应日益凸显。为进一步夯实光电产业科研基础,南通市先后设立了包括北京大学长三角光电科学研究院、南通智能感知研究院等在内的 10 多家光电相关科研院所,为南通构建光电产业全链条、多领域协同发展提供有力支撑。①

2023 年 5 月 25 日,2023 年南京都市圈创新合作暨长三角航空产业发展大会在江苏省扬州市举办。大会以"逐梦航空 协同创新"为主题,南京都市圈"8+2"城市派代表参加。大会发布了《2023 南京都市圈科技创新合作白皮书》。该白皮书显示,2022 年,南京都市圈科技创新整体能力和水平有了较大提升,南京市入选国家科技人才评价改革试点城市、国家科创金融改革试验区,滁州市、淮安市获批建设国家创新型城市,滁州市高新区成功升级为国家高新区。南京都市圈内高新技术企业共 17512 家,同比增长 17.36%,科技型中小企业 32150 家,同比增长 19.71%,南京市创新首位度和创新辐射带动作用不断增强。会上,南京市科技局、扬州市科技局、淮安市科技局共同签署科技创新合作协议;现场共有 5 批次 29 个科技创新和长三角航空产业合作项目签约;长三角航空产业创新联盟成立,来自长三角地区的 64 家单位签约加入联盟。该联盟的成立进一步整合了长三角区域内航空企业、人才、平台等创新资源,加速了长三角航空创新链、产业链、人才链、价值链的融合发展,从而推动产业创新发展不断取得成效。②

2023 年 10 月 27 日,第四届长三角智能制造协同发展论坛暨长三角高端装备产业链供需对接会在浙江省嘉兴市举行。会议由"沪苏

---

① 《长三角光电技术创新中心落户南通创新区》,载江苏省发展和改革委员会网,http://fzg-gw.jiangsu.gov.cn/art/2023/5/26/art_286_10905441.html,2024 年 1 月 26 日最后访问。

② 《2023 年南京都市圈创新合作大会举办》,载中华人民共和国科学技术部网,https://www.most.gov.cn/dfkj/js/zxdt/202306/t20230601_186403.html,2024 年 1 月 26 日最后访问。

嘉"产业创新联盟、上海科学技术交流中心、嘉兴市科学技术协会等单位联合主办,嘉兴市机器人与智能装备协会等单位承办,来自长三角地区的 207 家智能制造相关单位、296 名参会代表参与了本次会议。会上,上海市、浙江省、江苏省两省一市的 6 家行业组织签署了《长三角智能制造供应链协同发展倡议书》,签订了《山东机器人技能人才与长三角智能制造产业对接合作备忘录》,浙江省机器人产业发展协会发布了《浙江省机器人产业发展现状与分析报告》。①

(二)长三角生态绿色一体化发展示范区

2019 年 10 月 25 日,地域范围包括上海市青浦区、江苏省苏州市吴江区、浙江省嘉兴市嘉善县的长三角生态绿色一体化发展示范区由国务院批复,随后于同年 11 月 1 日正式揭牌成立。自建立以来,示范区以打造生态友好型一体化发展样本为目标,践行新发展理念,推动政策制度与方式创新,以期率先实现质量变革、效率变革、动力变革,率先将生态优势转化为经济社会发展优势,率先探索从区域项目协同走向区域一体化制度创新,打破行政隶属、打破行政边界,实现共商、共建、共管、共享、共赢。部分成果已向全国复制推广。目前,示范区正在推进深化拓展一体化制度创新、持续推进重大项目建设、强化工作机制保障、组织开展重大问题研究等方面的相关工作。

2023 年 1 月 1 日,《长三角生态绿色一体化发展示范区共建共享公共服务项目清单(第三批)》正式施行。该项目清单共 12 条,涉及卫

---

① 《第四届"长三角智能制造协同发展论坛暨长三角高端装备产业链供需对接会"在嘉举行》,载中共嘉兴市委 嘉兴市人民政府网,https://www.jiaxing.gov.cn/art/2023/10/31/art_1595338_59623141.html,2024 年 1 月 26 日最后访问。

生健康、教育、文体旅、政务服务等四大领域，旨在为上海市青浦区、江苏省苏州市吴江区、浙江省嘉兴市嘉善县的居民带来更多便利。长三角生态绿色一体化发展示范区执行委员会将继续会同两省一市相关部门，进一步加强区域基本公共服务标准和制度衔接，推进清单内项目、标准、制度的对接和统筹，根据实际情况做出及时调整。①

2023 年 1 月，长三角生态绿色一体化发展示范区执委会联合浙江省、江苏省、上海市两省一市相关部门，编印发布了《示范区生态环境一体化保护典型案例》。该案例共收集、整理了示范区 3 年来形成的涉及加强联保共治、夯实生态基底、推动绿色发展 3 个方面的 22 项制度创新成果和 46 个典型案例（应用场景），包括生态环境、水利（务）等部门打破行政藩篱，共同探索跨区域生态环境一体化保护制度创新的实践成果。同时，优选、收录了加强跨界水体联合共治、生态环境一体化保护、厚植生态优势转化基底、推动绿色创新融合发展等各种类型的应用场景和典型案例，并与制度创新成果相配套。在联保共治方面，该案例收录了雪落漾、元荡生态岸线整治工程、示范区跨界饮用水源联合保护机制等。示范区成立以来，其环境质量尤其是重点跨界水体水质持续稳定并有所改善，太浦河跨省界断面水质连续 3 年年均值达到 Ⅱ 类以上，淀山湖、元荡等重点跨界湖库已经提前实现 2025 年水质功能目标。在制度创新方面，示范区以生态环境管理"三统一"制度创新等为重点，持续探索和深化完善生态环境保护一体化制度创新，协同构建示范区生态环境一体化监测网络，不断健全示范区生态环境一体化保护体系，为持续夯实生态环境基底提供强有力的制度和能力

---

① 《免疫接种信息互联互通、异地租房可提取公积金……长三角一体化示范区第三批 12 项公共服务跨省共享》，载上海市青浦区人民政府网，https://www.shqp.gov.cn/shqp/qpzdjcbs/xxdt/20-230110/1074289.html，2024 年 1 月 26 日最后访问。

保障。①

2023 年 1 月 29 日,长三角生态绿色一体化发展示范区智慧大脑(一期)正式上线运行。作为示范区新基建的重点项目,智慧大脑致力于让企业和市民办事更便捷、政府跨域协同治理更有效。依托长三角区域数据共享交换平台,智慧大脑已打通浙苏沪两省一市 18 条数据链路,汇聚了 242 项数据资源,有效地支撑了社保、医保、公积金异地使用等区域一体化应用场景。此外,智慧大脑还围绕规划管理、项目管理、生态环境、一网通办、公共信用、产业经济等六大重点领域搭建了一体化应用场景。②

2023 年 2 月 24 日,长三角生态绿色一体化发展示范区理事会举行第七次全体会议。会议总结了示范区 2022 年工作,并就 2023 年的重点工作进行了研究和部署,以此共推示范区建设开新局。会议还审议通过了示范区建设 2023 年重点工作安排。2023 年是全面发力加快示范区建设之年,也是示范区"新三年"的起步之年。示范区将持续聚焦一体化制度创新、重大项目建设、体制机制保障和前瞻性重大问题谋划,加快形成更多富有含金量、具有复制推广价值的制度成果,建成更多具有显示度、影响力的重大项目,更好地示范和引领长三角一体化高质量发展。③

---

① 《长三角示范区生态环境一体化保护典型案例发布》,载宁波市机关事务管理局网,http://jgswj. ningbo. gov. cn/art/2023/2/6/art_1229047313_59048940. html,2024 年 1 月 26 日最后访问。

② 《打通数字"断头路" 长三角一体化示范区跨省域智慧大脑上线运行》,载中华人民共和国中央人民政府网,https://www. gov. cn/xinwen/2023-01/29/content_5739111. htm,2024 年 1 月 26 日最后访问。

③ 《长三角一体化示范区理事会举行第七次全体会议》,载苏州吴江发布公众平台,https://mp. weixin. qq. com/s? __biz=MzAwNjMxMjEzMA==&mid=2655491623&idx=1&sn=42e3f0-5ac079347bdc81b56fac0f101e&chksm=80bc6f8ab7cbe69c55b502cae7a133b183fad0fd099a11f2752ed-c111aac025d553a84a87ed9♯rd,2024 年 1 月 26 日最后访问。

　　2023 年 3 月 16 日,上海市青浦区、江苏省苏州市吴江区、浙江省嘉兴市嘉善县三地审计机关主要负责人齐聚嘉善县,共商审计服务长三角一体化发展协作机制。会议审议通过了《青吴嘉审计机关服务长三角区域一体化发展框架协议》《长三角生态绿色一体化发展示范区审计协作备忘录》,原则上同意建立三地审计机关工作协同联席会议机制,定期商议年度协作交流事宜。会议强调,通过统筹规划项目、学习交流业务、互动培育人才等举措,打造三地审计机关协同共建"四张金名片",即跨区域生态共建环境共保一体化金名片、跨区域审计人才培养一体化金名片、跨区域公共服务共建共享一体化金名片、跨区域党建和审计文化一体化金名片。①

　　2023 年 4 月 6 日,上海市市场监督管理局、江苏省市场监督管理局、浙江省市场监督管理局、长三角生态绿色一体化发展示范区执行委员会联合印发《长三角生态绿色一体化发展示范区市场监管专项协调会议暂行规则》。该规则指出,专项协调会议成员由两省一市市场监管局综合规划处、苏州市市场监督管理局、嘉兴市市场监督管理局、上海市青浦区市场监督管理局、苏州市吴江区市场监督管理局、嘉兴市嘉善县市场监督管理局、苏州市吴江区行政审批局组成。邀请长三角生态绿色一体化发展示范区执委会到会指导。有关部门根据需要列席会议。专项协调会议原则上每年召开一次,一般在年末或年初举行。自 2024 年起,按照和省级层面轮值顺序一致的原则,将由嘉兴市嘉善县市场监督管理局、苏州市吴江区市场监督管理局、上海市青浦区市场监督管理局、苏州市市场监督管理局或嘉兴市市场监督管理局

---

① 《青吴嘉三地审计机关齐聚嘉善共商服务长三角一体化发展协作机制》,载中共嘉善县委嘉善县人民政府网,http://www.jiashan.gov.cn/art/2023/4/3/art_1229503323_5088912.html,2024 年 1 月 26 日最后访问。

轮值轮流举办,每 4 年轮值一次,也可根据工作需要随时召开。①

2023 年 4 月 23 日,在长三角生态绿色一体化发展示范区执委会的支持下,上海市住房和城乡建设管理委员会会同江苏省住房和城乡建设厅、浙江省住房和城乡建设厅联合印发《长三角生态绿色一体化发展示范区燃气专项规划(2021—2035 年)》。该规划是全国首个跨省域的次高压级及以下天然气管网实施性专项规划。根据该规划,到2035 年示范区内城镇居民天然气气化率将达到 90% 以上,并针对典型产业园区、美丽乡村定制特色供应的燃气子系统,以需求为导向,综合统筹发展非管输供应站。该规划的发布与实施将形成以管道天然气为主、非管输气源为补充的燃气供应格局,同时具备与协调区互助共保的能力,并充分考虑未来管网联通的可能性。②

2023 年 4 月,上海市青浦区、江苏省苏州市吴江区、浙江省嘉兴市嘉善县三地人民法院、检察院、市场监督管理局签署了《关于建立长三角生态绿色一体化发展示范区知识产权领域严重违法失信名单的意见》,旨在推进长三角生态绿色一体化发展示范区知识产权信用体系建设,强化对知识产权领域严重失信行为的惩戒。该意见分为总则、严重违法失信名单认定、严重违法失信名单管理及列入移出、联合惩戒措施等六大部分,明晰了严重违法失信名单对象、符合严重违法失信行为的具体情形,对严重违法失信名单管理及列入移出的内容、程序等方面做出规定,明确了示范区法院、检察院和市场监管局对联合

---

① 《上海市市场监督管理局　江苏省市场监督管理局　浙江省市场监督管理局　长三角生态绿色一体化发展示范区执行委员会关于印发〈长三角生态绿色一体化发展示范区市场监管专项协调会议暂行规则〉的通知》,载上海市人民政府网,https://www.shanghai.gov.cn/gwk/search/content/2c984ad687aab0810187e505b81c725b,2024 年 1 月 26 日最后访问。

② 《〈长三角生态绿色一体化发展示范区燃气专项规划(2021—2035 年)〉正式印发》,载上海市住房和城乡建设管理委员会网,https://zjw.sh.gov.cn/xwfb/20230505/4ee81e3603c84a74aeabe9a-59bc8881a.html,2024 年 1 月 26 日最后访问。

惩戒对象采取的一种或多种惩戒措施。①

2023年5月16日,长三角生态绿色一体化发展示范区执委会会同水利部太湖流域管理局以及浙苏沪两省一市三级八方水利(务)部门,联合召开示范区水利(务)领域联保共治创新实践成果新闻发布会。该发布会发布了《长三角生态绿色一体化发展示范区水利规划(2021—2035年)》《长三角生态绿色一体化发展示范区供排水专项规划(2021—2035年)》《长三角生态绿色一体化示范区联合河湖长制工作规范》和《长三角生态绿色一体化发展示范区区水利(务)领域2023年行动计划》。《长三角生态绿色一体化发展示范区水利规划(2021—2035年)》提出,到2025年,人水和谐的生态水网建设全面推进,协调协同的防洪除涝保障体系基本建成,互联互通的水资源供给保障体系基本建成,共保联治的水生态环境保护与修复体系基本建成,共商共管的综合水管理体系基本建成;到2035年,示范区"一网＋四体系"全面建成,率先实现水治理体系和治理能力现代化,"洪涝无虞、水源无忧、生态宜居、诗画水乡"的幸福河湖目标全面实现,人民群众获得感、幸福感、安全感进一步增强。《长三角生态绿色一体化示范区联合河湖长制工作规范》共包含44条内容,明确了在示范区以联合巡河机制、联合管护机制、联合监测机制、联合执法机制、联合治理机制为主体的联合河湖长制工作内容和要求,分类细化了示范区各级联合河湖长的具体工作职责和任务,详细规范了各级联合河湖长的履职重点和履职方式。该工作规范适用范围为示范区内47个跨界河湖的联合河湖长制工作,并鼓励两省一市其他地区跨界河湖复制和推广。《长三

---

① 《长三角示范区多部门建立知识产权领域严重违法失信名单》,载中华人民共和国中央人民政府网,https://www.gov.cn/lianbo/2023-04/26/content_5753287.htm,2024年1月26日最后访问。

角生态绿色一体化发展示范区区水利（务）领域 2023 年行动计划》明确了 13 项年度重点任务，涉及 7 项一体化制度创新，6 项重点建设项目。内容包括示范区幸福美丽河湖建设、示范区水利（务）领域一体化规范、跨界水体水利工程"建管运"一体化机制等 4 项制度创新举措和 3 项制度创新成果。①

2023 年 5 月 24 日，长三角生态绿色一体化发展示范区举行新闻发布会，正式发布《长三角生态绿色一体化发展示范区水乡客厅国土空间详细规划》。这是全国首个跨省域国土空间详细规划，将为水乡客厅开发建设、用途管制和规划许可提供法定依据。水乡客厅的设计理念，是以长三角原点为核心，缝合三地、多方共享，营建一个一体化发展的江南水乡新风貌。根据该规划，水乡客厅包括上海市青浦区金泽镇、江苏省苏州市吴江区黎里镇、浙江省嘉兴市嘉善县西塘镇和姚庄镇 4 个镇的各一部分，总面积约 35.8 平方千米。到 2025 年，三地将实现互联互通，全面展开一体化建设，生态系统和交通路网骨架基本形成，市政基础设施建设加快推进，重要功能节点建设有序推进，蓝环水系逐渐形成。到 2035 年，水乡客厅将全面建成，成为示范产居、人文、生态一体化发展的世界级水乡客厅，成为跨行政区一体化高质量发展的示范窗口和核心承载地。②

2023 年 6 月 6 日，第五届长三角一体化发展高层论坛在安徽省合肥市举行。浙苏皖沪三省一市主要领导、有关专家学者围绕"携手高质量一体化、奋进中国式现代化"的主题进行了深入交流。论坛上举

---

① 《共书"水文章"！长三角示范区水利规划正式发布》，载浙江省人民政府网，https://www.zj.gov.cn/art/2023/5/18/art_1229278450_60129537.html，2024 年 1 月 26 日最后访问。

② 《长三角示范区发布全国首个跨省域国土空间详细规划"水乡客厅"缝合三地多方共享》，载江苏省数据局（江苏省政务服务管理办公室）网，http://jszwb.jiangsu.gov.cn/art/2023/5/25/art_71797_10903310.html，2024 年 1 月 26 日最后访问。

行了多个重要活动,包括数字长三角共建联盟的揭牌仪式、长三角政务服务跨省通办远程虚拟窗口的线上发布,以及长三角区域量子保密通信骨干网的建成发布仪式。此外,论坛还签署了《上海张江、安徽合肥综合性国家科学中心合作共建协议》《长三角重大科技基础设施联动发展合作备忘录》,细化落实了《推进长三角一体化干部交流工作合作备忘录》《长三角区域能源安全互济互助合作框架协议》《合作共建全国一体化算力网络长三角国家枢纽节点协议》《推进长三角财政电子票据共享应用发展框架合作协议》《推进长三角区域国土空间规划协同工作合作备忘录》《长三角文化和旅游高质量一体化发展框架协议》《"满意消费长三角"提升行动合作备忘录》《沪—新国际贸易便利化措施长三角共享合作协议》等。[①]

2023年6月10日,浙苏沪两省一市生态环境部门、生态环境部太湖流域东海海域生态环境监督管理局、长三角生态绿色一体化发展示范区执行委员会共同发布了《长三角生态绿色一体化发展示范区生态环境质量报告(2022年)》。该报告指出,2022年示范区生态环境质量总体较好,地表水环境质量持续改善,饮用水水源地水质均达到或好于Ⅲ类标准;环境空气质量总体有所改善,AQI(空气质量指数)优良率总体呈上升趋势;生态质量状况基本稳定。该报告的发布展示了长三角地区在生态绿色一体化发展方面的成果,具有示范和引领作用。[②]

2023年6月30日,国家应对气候变化战略研究和国际合作中心

---

① 《长三角一体化发展高层论坛举行 聚焦一体化和高质量两个关键 奋力谱写中国式现代化建设长三角新篇章 陈吉宁信长星易炼红韩俊讲话 龚正许昆林王浩王清宪出席》,载江苏省人民政府网,http://www.jiangsu.gov.cn/art/2023/6/7/art_60095_10916203.html,2024年1月26日最后访问。

② 《长三角一体化示范区2022年生态环境质量报告发布 水环境质量总体呈改善趋势》,载中国环境网,https://www.cenews.com.cn/news.html? aid=1060759,2024年1月26日最后访问。

与国际环保机构绿色和平发布了《中国三大重点区域气候行动力评估——2023 年京津冀、长三角、粤港澳大湾区最新低碳转型成效解读》。该研究报告通过搭建"区域低碳转型行动力指数"评估体系,从低碳发展水平、低碳资源禀赋和产业基础、"双碳"目标和政策、能力建设和保障 4 个基础维度,以及区域协同 1 个附加亮点维度,全面系统地评估了三大区域的绿色低碳发展成效。评估结果显示,三大区域中,长三角的低碳转型行动力指数最高,在区域协同、低碳资源禀赋和产业基础方面走在前列;其次是京津冀,其在"双碳"目标和政策、能力建设和保障方面表现最突出;粤港澳则在低碳发展水平方面最具优势。长三角区域在区域协同与低碳产业基础方面处于领先地位,这得益于长三角在生态绿色一体化发展等方面的积极尝试,以及三省一市特别是江苏省良好的绿色低碳产业布局。据统计,江苏省是目前三大区域中新能源企业总部落户最多的省份,也是中国新能源汽车整车制造基地数量最多的省份。①

2023 年 7 月,首次长三角水鸟同步调查报告经浙苏皖沪三省一市专家评审通过,并正式出炉。此前 1 月 4—14 日,上海市林业局联合江苏省林业局、浙江省林业局、安徽省林业局完成了首次长三角地区越冬水鸟同步调查。本次越冬水鸟调查共组织 19 个调查队 150 余名调查队员在三省一市的 118 个沿海及内陆湿地开展调查,其中包括上海市 13 个地点,江苏省 64 个地点,浙江省 22 个地点,安徽省 19 个地点。本次调查共记录到水鸟 109 种 1150958 只。其中上海市记录到65 种 106508 只;江苏省记录到 82 种 436583 只;浙江省记录到 79 种

① 《谁领跑低碳转型? 京津冀、长三角、粤港澳气候行动成效评估发布》,载央视网,https://news.cctv.com/2023/06/30/ARTIKW9YbUcLHxw1FTbo61fv230630.shtml,2024 年 1 月 26 日最后访问。

130936只;安徽省记录到66种476931只。本次同步调查初步查明了长三角地区越冬水鸟的种类、数量和分布,为进一步加强东亚—澳大利西亚迁飞区关键区域的水鸟和栖息地保护提供了科学依据,也为长三角地区生态绿色一体化发展中生物多样性保护的区域协作提供了案例和数据支撑。①

2023年7月,上海市青浦区市场监督管理局、江苏省苏州市吴江区市场监督管理局、浙江省嘉兴市嘉善县市场监督管理局联合签署了《长三角生态绿色一体化发展示范区商业秘密保护协作备忘录》。该备忘录明确了示范区商业秘密保护工作的指导思想、宗旨目标、协助内容,三地将以此为基础,在协同保护治理机制、协同保护服务体系、协同保护能力建设3个方面展开合作。②

2023年7月14日,由长三角生态绿色一体化发展示范区执行委员会会同上海市、江苏省、浙江省两省一市工业(经济)信息化部门共同编制的《长三角生态绿色一体化发展示范区产业发展规划(2021—2035年)》正式发布。该规划共分为7个章节,提出到2025年,示范区生态友好型产业发展将取得显著进展,高端高新的绿色创新产业体系基本建立,统筹协调的产业功能布局基本形成,共建共享的产业合作机制不断深化,示范引领长三角高质量一体化发展的作用初步发挥;到2035年,计划建成拥有高显示度和强竞争力的新兴产业"活力源"、创新生态"智力场"和江南水乡"魅力湖",构建国际一流的绿色创新产

---

① 《首次长三角水鸟同步调查结果出炉!江苏记录种类最多》,载江苏省林业局网,http://lyj.jiangsu.gov.cn/art/2023/8/10/art_7197_10980180.html,2024年1月26日最后访问。

② 《先行先试|青吴嘉三地市场监管局签署〈长三角生态绿色一体化发展示范区商业秘密保护协作备忘录〉》,载吴江区市场监督管理局公众号,https://mp.weixin.qq.com/s?__biz=MzkxMjIwMjM2MA==&mid=2247541913&idx=1&sn=96f45402869cb88b240b9deeef7de7d4&chksm=c1-12e8ef66562980239917041dcb99678793a4c740f8576068b45ccc2ffe94d6729b4a3d88c#rd,2024年1月26日最后访问。

业体系,全面打造生态、创新、人文有机融合的产业空间布局,形成更加成熟、更加有效的区域产业合作机制,成为具有国际影响力的长三角"绿色创新产业之心"。①

2023年7月31日,由浙江省嘉兴市嘉善县、上海市青浦区和江苏省苏州市吴江区共同建设的长三角生态绿色一体化发展示范区跨省域高新技术产业开发区正式揭牌成立,这是全国首个跨省域高新技术产业开发区。高新区涵盖青吴嘉三地,规划面积约19.54平方千米。依托长三角地区丰富的科技创新资源和高新技术产业发展基础,高新区重点发展数字产业、智能制造、绿色新材料三大战略性新兴产业和总部经济、绿色科创服务两大特色产业,形成"3+2"的主导产业发展格局。高新区采取"跨区域、跨部门联席会议+联合推进运作办公室+片区管理机构"的组织管理模式,对标国家高新区建设要求,统筹实施共聚战略科技力量、共推产业技术创新、共抓企业活力激发、共建科创服务链条、共筑生态绿色宜居之地、共推开放融合创新等六大行动,布局建设集"科技源头供给、技术转移转化、创业企业孵化、新兴产业育成"于一体的环淀山湖科创走廊,致力于打造长三角产业链创新链跨区域一体化新园区和示范区绿色科技创新高地、生态经济发展高地、宜创宜业宜居高地。②

2023年8月18日,上海市农业农村委员会、江苏省农业农村厅、浙江省农业农村厅、安徽省农业农村厅、长三角生态绿色一体化发展示范区执行委员会联合发布《关于推进长三角生态绿色一体化发展示范区实施食用农产品承诺达标合格证"亮证"行动的协作意见》。该意

---

① 《长三角一体化示范区产业发展规划发布》,载宁波市对口支援和区域合作局网,http://zy-hzj.ningbo.gov.cn/art/2023/7/24/art_1229144782_58901645.html,2024年1月26日最后访问。

② 《浙江:全国首个跨省域高新区正式揭牌成立》,载中华人民共和国科学技术部网,https://www.most.gov.cn/dfkj/zj/zxdt/202309/t20230919_188025.html,2024年1月26日最后访问。

见指出，依托农业信息化系统实现农产品电子化开证、带证上市，推进长三角各城市间承诺达标合格证追溯信息互联互通；指导生鲜电商平台将承诺达标合格证在门户网站、App、小程序等农产品营销宣传页上醒目"亮证"；联合推进云开具、云交易、云展览等应用，推动实现带证农产品全流程、全场景线上推介，结合线下生产销售网络，支持附带承诺达标合格证的农产品生产主体优先参加示范区内组织的农产品展示展销、评选鉴优等活动；做好长三角地区农产品生产基地与学校食堂、大型商超、集团采购对接及查验合格证工作。①

2023年8月8日，上海市青浦区、江苏省苏州市吴江区、浙江省嘉兴市嘉善县三地人民法院、税务、检察院9个部门共同签署并发布了《关于深化长三角生态绿色一体化发展示范区司法执行与税费征缴协作的实施意见》。该实施意见按照"部门协作、信息共享、优化流程、依法办理、检察监督"的原则，细化落实了《长三角生态绿色一体化发展示范区税收司法精诚共治展望方案》，旨在深化司法执行与税费征缴协作，以更大力度、更高质量服务和保障长三角一体化发展。该实施意见优化了优惠退税、执行款分配等税收征管流程和涉税事务流程；明确了司法执行与税费征缴个案受偿问题，增强了税费债权受偿保障；细化了司法执行信息异地查询流程，促进了信息共享渠道的畅通。该实施意见对进一步推进示范区税收、司浓精诚共治，促进区域法治化营商环境建设再提升具有重大意义。②

---

① 《关于印发〈关于推进长三角生态绿色一体化发展示范区实施食用农产品承诺达标合格证"亮证"行动的协作意见〉的通知》，载上海市农业农村委员会网，https://nyncw.sh.gov.cn/nybzh/20230818/d35c3fcd0cff46db906028c7ecdc27da.html，2024年1月26日最后访问。

② 《长三角一体化示范区税收司法精诚共治迈向深层次》，载苏州市吴江区人民政府网，https://www.wujiang.gov.cn/zgwj/bmdt/202308/05f77227099044dc9bfeba8aa9ef0f8e.shtml，2024年1月26日最后访问。

2023 年 8 月 16 日,上海市青浦区、江苏省苏州市吴江区及浙江省嘉兴市嘉善县人民法院、司法局在线召开跨域研讨,共同签署了《长三角一体化示范区非诉讼纠纷联合化解机制建设合作协议》。青吴嘉三地人民法院、司法局分管领导、相关部门负责人及人民调解员代表参会。该合作协议包含指导思想、工作目标、特邀调解范畴及工作内容 4 个部分,明确细化了 8 项具体工作。①

2023 年 8 月 23 日,长三角生态绿色一体化发展示范区综合交通专项规划新闻发布会举行。上海市政府副秘书长王为人介绍了《长三角生态绿色一体化发展示范区综合交通专项规划》的总体情况。该规划于 8 月已正式发布。该规划指出,要构建"一体化、数字化、低碳化、共享化"的示范区高质量综合交通设施、服务和治理体系,塑造宜居、宜业、宜游的交通环境,实现对外交通集约畅达、内部交通绿色便捷、交通治理协同高效的目标愿景。规划指标重点突出生态绿色、集约高效、品质多元等要求,提出至 2035 年,示范区绿色出行比例达到 80％以上,城市交通碳排放在达峰基础上稳步下降,风景道、骨干绿道及蓝道里程分别不低于 300 千米、700 千米和 200 千米,城镇开发边界内全路网密度达到 8 千米/平方千米,城镇内部道路断面慢行和绿化空间不低于 50％,街道稳静化措施设置率不低于 95％,交通基础设施智慧化水平不低于 90％,示范区城镇组团内部构建 15 分钟社区出行圈,相邻城镇组团之间 30 分钟可达,水乡客厅至虹桥枢纽 35 分钟可达,水乡客厅至浦东机场 70 分钟可达。②

---

① 《青吴嘉六方凝聚非诉纠纷跨域联调合力》,载苏州市吴江区人民法院网,http://wjq.szwj-fy.gov.cn/article/detail/2023/08/id/7478449.shtml,2024 年 1 月 26 日最后访问。

② 《至 2035 年绿色出行比例达 80％以上!〈长三角生态绿色一体化发展示范区综合交通专项规划〉发布》,载中国环境网,https://www.cenews.com.cn/news.html? aid＝1078667,2024 年 1 月 26 日最后访问。

2023 年 8 月 30 日，上海市生态环境局、江苏省生态环境厅、浙江省生态环境厅联合发布了《关于建立长三角生态绿色一体化发展示范区饮用水水源地生态环境保护共同决策联席会议制度的通知》（沪环水〔2023〕151 号）。该文件的目标是搭建示范区跨界饮用水水源地生态环境保护共同决策和协调合作平台，以进一步提高示范区跨界饮用水水源地协同保护效率，推动落实示范区跨界饮用水水源地协同保护相关工作，统筹谋划水资源、水环境、水生态系统治理，强化太湖与太浦河一体化保护，共同控制饮用水水源地生态环境安全风险，稳步提升饮用水水源地安全保障水平。[①]

2023 年 9 月 8 日，长三角生态绿色一体化发展示范区吴江汾湖法庭揭牌，该法庭将集中审理苏州市吴江区第一审环境资源刑事、民事、行政案件，旨在为长三角区域一体化和生态文明建设提供优质高效的司法保障。以长三角生态绿色一体化发展示范区吴江汾湖法庭揭牌为契机，苏州市吴江区人民法院将联合上海市青浦区人民法院、浙江省嘉兴市嘉善县人民法院，深化跨区域专业法官会议、联动办案、生态司法示范基地共建等司法协作机制。这一协作机制将持续推进示范区环境资源审判的司法协助与司法一体化，致力于构建示范区环境资源司法联合保护网，为推动示范区建设贡献力量。在相关活动中，南京市中级人民法院、上海市第三中级人民法院、嘉兴市中级人民法院、苏州市中级人民法院环境资源审判庭签署了《长三角生态绿色一体化发展示范区环境资源审判机构协同共建协议》；上海市青浦区人民法院、浙江省嘉兴市嘉善县人民法院、

---

① 《关于建立长三角生态绿色一体化发展示范区饮用水水源地生态环境保护共同决策联席会议制度的通知》，载上海市生态环境局网，https://sthj. sh. gov. cn/hbzhywpt2025/20230911/59feaf3-4fb494510aaf0fc006cfa5267. html，2024 年 1 月 26 日最后访问。

江苏省苏州市吴江区人民法院签署了《长三角生态绿色一体化发展示范区人民法院生态环境保护司法协作框架协议》；苏州市中级人民法院发布了苏州法院服务保障长三角生态绿色一体化发展示范区典型案事例。[①]

2023 年 9 月 20 日，上海市规划和自然资源局、江苏省自然资源厅、浙江省自然资源厅、长三角生态绿色一体化发展示范区执行委员会共同制定了《长三角生态绿色一体化发展示范区基础地理信息数据更新暂行办法》。该办法旨在充分发挥示范区基础地理信息数据对规划建设、社会治理、精细化管理的支撑作用，推进示范区基础地理信息数据等测绘成果一体化，同时建立数据动态更新机制，以更好地服务于示范区的可持续发展。[②]

2023 年 9 月 21 日，浙苏沪两省一市生态环境部门会同长三角生态绿色一体化发展示范区执行委员会联合印发《长三角生态绿色一体化发展示范区生态环境专项规划（2021—2035 年）》。该规划将上海市青浦区、江苏省苏州市吴江区、浙江省嘉兴市嘉善县全域约 2413 平方千米纳入范围，旨在贯彻落实国家战略，集中彰显生态优化绿色发展新理念，率先将生态优势转化为经济社会发展优势，充分探寻示范区绿色发展路径。该规划从建设协调共生的生态体系、构建绿色创新的发展体系、建设统筹完善的制度体系、完善集成一体的管理体系等 4 个维度 14 个方面做出具体规划。规划的实施将解决示范区在生态环境协同保护、推动绿色发展过程中管控不一致、基础建设不统一、产业

---

① 《长三角生态绿色一体化发展示范区吴江汾湖法庭揭牌》，载中共江苏省委新闻网，http://www.zgjssw.gov.cn/yaowen/202309/t20230909_8079347.shtml，2024 年 1 月 26 日最后访问。

② 《关于印发〈长三角生态绿色一体化发展示范区基础地理信息数据更新暂行办法〉的通知》，载上海市人民政府网，https://www.shanghai.gov.cn/gwk/search/content/1f080ce4116b413c8e90-0b112a8fee83，2024 年 1 月 26 日最后访问。

布局不协调等问题。根据规划,到2025年,示范区将基本形成以水为脉、林田共生、城绿相依的自然生态格局,基本构建生态与发展相得益彰、跨行政区域共建共享、多元化协同共治的生态环境治理新体系,打造生态优美、创新活跃、宜居宜业宜游的世界著名湖区和绿色发展价值高地;到2035年,示范区将全面彰显生态绿色一体化示范区引领示范作用,融入长三角一体化生态服务价值体系,建成世界级湖区生态体系,全面实现绿色发展价值高地建设,成为展示生态文明建设成果的重要窗口。[①]

2023年9月25日,长三角生态绿色一体化发展示范区召开新闻发布会,发布了4项生态环境领域制度创新成果,包括《示范区生态环境专项规划》《示范区生态环境准入清单》《示范区跨界饮用水水源地共同决策、联合保护和一体管控机制细化实施配套制度》和《示范区绿色发展领军企业评选方案(试行)》。至此,示范区在该领域已形成了16项制度创新成果。这些创新成果不仅加速向周边地区复制推广,也产生了更为广泛的带动效应。其中7项生态环境和绿色低碳领域制度创新成果,已被推广至长三角和全国其他重点地区。在示范区周边,生态环境管理"三统一"制度和跨界水体联保共治机制等基础性制度已在上海市金山区、浙江省嘉兴市、浙江省湖州市等地得到复制和进一步深化。[②]

2023年9月28日,浙苏沪一市两省生态环境厅(局)、水利(务)厅(局),生态环境部太湖流域东海海域生态环境监督管理局,水利部太

---

① 《长三角生态绿色一体化发展示范区发布生态环境专项规划(2021—2035年)》,载中国环境网,https://www.cenews.com.cn/news.html? aid=1086125,2024年1月26日最后访问。

② 《长三角生态绿色一体化发展示范区发布4项生态环境领域制度创新成果》,载江苏省人民政府网,http://www.jiangsu.gov.cn/art/2023/9/29/art_60096_11030383.html,2024年1月26日最后访问。

湖流域管理局,以及长三角生态绿色一体化发展示范区执行委员会等9个部门联合印发《长三角生态绿色一体化发展示范区淀山湖、元荡、太浦河(含汾湖)等重点跨界水体联保专项治理及生态建设实施方案》,旨在为重点跨界水体生态环境联合保护与建设探索路径和提供示范。该实施方案以水生态功能提升为核心,在持续深化巩固示范区水体联保共治、岸线生态修复和功能提升等已有成果的基础上,更加注重落实自然修复、系统治理等理念方法,更加注重提升河湖及周边生态系统多样性、稳定性和持续性,更加注重厚植示范区优良生态基底,有实施目标、有任务清单,为示范区淀山湖、元荡、太浦河(含汾湖)等重点跨界水体的协同治理和生态保护修复指明方向。①

2023年9月28日,上海市水务局、江苏省住房和城乡建设厅、浙江省住房和城乡建设厅、长三角生态绿色一体化发展示范区执行委员会共同研究制定并联合印发了《关于协同推进长三角生态绿色一体化发展示范区高品质供水的指导意见》。该指导意见坚持示范引领、分类指导、一体协同、促进发展的原则,协同构建全过程饮用水安全保障体系,以确保末梢水水质优良,水量充沛、水压充足,合力建设一体化高品质供水的样板示范。②

2023年10月8日,长三角生态绿色一体化发展示范区执行委员会、上海市青浦区人民政府、江苏省苏州市吴江区人民政府、浙江省嘉兴市嘉善县人民政府联合印发《长三角生态绿色一体化发展示范区行政执法案例指导办法》。该办法重点从行政执法案例的报送、评审、编

① 《长三角推进跨界水体生态环境联合保护》,载江苏省生态环境厅网,http://sthjt.jiangsu.gov.cn/art/2023/11/22/art_83549_11078052.html,2024年1月26日最后访问。
② 《关于印发〈关于协同推进长三角生态绿色一体化发展示范区高品质供水的指导意见〉的通知》,载上海市水务局(上海市海洋局)网,https://hyj.sh.gov.cn/zcwj/20231110/823b735d1f6e4707-913db7855fbf5012.html,2024年1月26日最后访问。

篡、发布、运用、管理等方面做出了具体的规定,为示范区范围内行政执法指导案例的日常管理提供了明确的指引。该办法旨在通过遴选、培育具有典型性、针对性、示范性的行政执法案例,以"指导案例"为突破口,以"类案参照"为解题思路,充分发挥指导案例在执法实践中的"桥梁纽带"作用,逐步推动执法标准的统一,确保实现"同案同罚"。这一举措提高了行政执法机关及执法人员的执法能力和水平,增强了区域内行政执法的社会效果,为一体化和高质量发展奠定了坚实的法治基础。①

2023 年 10 月,长三角生态绿色一体化发展示范区内上海市首个建设工程三地远程异地评标项目完成。该项目采用全流程电子化远程开标方式,并结合跨省远程异地评标和本市区域内远程分散评标,采取了"一主场四副场"的模式。上海市建筑建材业市场管理总站牵头组织,青浦区建设工程招标投标管理中心作为主场,在上海市、江苏省和浙江省的评标专家库中随机抽取 7 名评标专家,实现了浙苏沪范围内 5 个会场的远程分散跨省异地评标同步进行。本次评标借助"电子评标系统+视频会议"双系统,实现在线评审。在评标过程中,专家自主评标,招标代理全程不参与,确保了项目评审的独立性和公正性。同时通过音视频实时交互,实现在线沟通和交流。该项目的完成进一步促进了长三角一体化发展示范区工程建设招投标改革。②

2023 年 10 月 18 日,上海市政协社会和法制委员会召开了《长三

---

① 《〈长三角生态绿色一体化发展示范区行政执法案例指导办法〉解读》,载苏州市吴江区人民政府网,https://www. wujiang. gov. cn/zgwj/zcfgjd/202310/40f22464d7784a5b8aa850eecddab044. shtml,2024 年 1 月 26 日最后访问。

② 《长三角生态绿色一体化发展示范区内本市首个建设工程三地远程异地评标项目完成》,载上海市发展和改革委员会网,https://fgw. sh. gov. cn/jp/20231018/cc2a708aecb64d5ba52aa4ff7f7fe-158. html,2024 年 1 月 26 日最后访问。

角生态绿色一体化发展示范区条例(草案)》立法协商听取意见建议专
题座谈会。会上,上海市司法局介绍了有关立法工作情况。为总结长
三角生态绿色一体化发展示范区近年来的改革创新经验,更好地推动
规划统筹、标准统一、平台共建、资源共享、资质互认、数据互通、执法
协同等工作,加快示范区一体化制度创新和项目建设,发挥各地区比
较优势,畅通要素流动,实现更合理分工,促进更高质量一体化发展,
2023 年初,上海市人大常委会、市政府将《长三角生态绿色一体化发
展示范区条例》作为重要项目列入 2023 年度立法计划。与此同时,
该条例亦是上海市与江苏省、浙江省的跨区域协同立法重点项目。
立法思路包括贯彻党中央、国务院战略部署和要求,固化示范区一
体化制度创新的重要成果,以及推动解决发展瓶颈,为进一步深化
改革预留空间。①

　　2023 年 11 月 28 日,水利部太湖流域管理局联合苏浙沪两省一市
水利(务)厅(局)印发《长三角生态绿色一体化发展示范区一致性用水
定额标准体系研究制定工作方案》。该工作方案明确了到 2025 年初
步建立示范区一致性用水定额标准体系的目标,有效覆盖示范区主导
工业产品和高耗水服务业等领域,从而显著增强对用水户的刚性约束
和引导作用。该工作方案提出了收集整理基础资料、分析现行用水定
额标准差异性、探索一致性用水定额标准体系实现路径、制定一致性
用水定额标准、征询一致性用水定额成果、研究发布一致性用水定额
标准等主要任务,以及流域管理机构与省、市、县三级水行政主管部门
组织分工、进度计划及联络机制,以确保工作方案落地见效。该方案

---

① 《聚焦长三角一体化发展　市政协社法委召开立法协商座谈会》,载上海政协网,https://
www.shszx.gov.cn/shzx/shhfzwyh/content/4db61217-7c68-4abc-8e09-6550b4e80627.html,2024 年
1 月 26 日最后访问。

将进一步发挥示范区高质量一体化示范作用，凝聚合力，强化用水定额在优化水资源配置、提升社会用水效率、推动用水方式转变中的约束和引导作用，推动示范区水资源节约集约高效利用。[①]

2023 年 12 月 25 日，浙江省生态环境厅、上海市生态环境局、江苏省生态环境厅、长三角生态绿色一体化发展示范区执行委员会联合发布《关于进一步深化长三角生态绿色一体化发展示范区环评制度改革的指导意见》。该指导意见的改革举措主要包括 4 个方面 14 条具体措施。一是强化规划环评与项目环评联动。指导意见提出了对具备改革条件的县级以上产业园区可实施降低环评文件等级、简化环评编制工作、优化排放总量管理等 3 条具体措施，以充分发挥规划环评宏观把控和引导作用，促进项目环评提质增效。二是实施项目环评管理"正面清单"制度。指导意见提出了豁免环评管理手续（列出了 8 个行业 13 个类别清单）、实行告知承诺审批（列出了 16 个行业 36 个项目类别清单，除畜禽养殖外，其余均为环评报告表类型）、支持小微企业发展、强化环评审批服务等 4 条工作举措。结合示范区经济社会发展实际需要，实行差别化的建设项目环评管理。三是做好环评制度与相关生态环境制度的统筹衔接。指导意见提出了探索"两证联办"模式、协同落实降碳目标、强化"三线一单"应用等 3 条措施，以强化环境影响评价制度在源头控制、过程管理中的基础性作用，推进示范区更高质量发展。四是加强事中事后环境监管。指导意见提出了探索建立建设项目环境监管闭环体系、严格依法依规监管、强化改革项目环境管理、创新监管方式方法等 4 条举措，通过采取差别化的事中事后监

---

① 《太湖局联合地方出台〈长三角生态绿色一体化发展示范区一致性用水定额标准体系研究制定工作方案〉》，载全国节约用水办公室网，http://qgjsb. mwr. gov. cn/zdgz/jdgl/202312/t202312-25_1699048. html，2024 年 1 月 26 日最后访问。

管措施,保障示范区环评改革取得预期成效。①

2023 年 12 月,长三角生态绿色一体化发展示范区执行委员会会同浙苏沪两省一市中国人民银行、国家金融监督管理总局浙苏沪两省一市派出单位、浙苏沪两省一市地方金融管理部门共同研究制定并联合印发了《长三角生态绿色一体化发展示范区关于加快普惠金融发展的实施意见》。该实施意见鼓励金融机构创新普惠金融产品和服务模式,加大融资支持和保障力度,增加两区一县(上海市青浦区、江苏省苏州市吴江区、浙江省嘉兴市嘉善县)的普惠金融供给,积极探索"普之城乡、惠之于民"的可复制、可推广的普惠金融发展模式。②

(三)长三角地方政府其他领域合(协)作

2023 年 6 月 19 日,上海市文物局、江苏省文物局、浙江省文物局、安徽省文物局共同签署了《长三角地区深化考古合作交流框架协议》。根据该协议,三省一市将共同推动深化考古研究、推动活化利用、强化科技支撑、加强人才交流 4 个方面的合作。这次合作旨在加强考古领域的合作交流,强化长三角地区考古领域的文物、技术、人才、资金、政策等资源的配置能力和联动效应,共同探索考古研究和文物保护新方法、新路径。三省一市携手合作,旨在将长三角地区打造成中华文明国际传播的前沿阵地,为建设中国特色、中国风格、中国气派的考古学

---

① 《浙江省生态环境厅 上海市生态环境局 江苏省生态环境厅 长三角生态绿色一体化发展示范区执委会关于进一步深化长三角生态绿色一体化发展示范区环评制度改革的指导意见》,载上海市生态环境局网,https://sthj.sh.gov.cn/hbzhywpt2022/20231227/b0adb7d7194743c6be0120-333d5ad27a.html,2024 年 1 月 26 日最后访问。

② 《加快普惠金融发展!长三角生态绿色一体化发展示范区发布实施意见》,载上海市青浦区人民政府网,https://www.shqp.gov.cn/shqp/qpzdjcbs/xxdt/20231226/1152944.html,2024 年 1 月 26 日最后访问。

提供新思路。①

2023 年 7 月 6 日,上海市中医药管理局、江苏省中医药管理局、浙江省中医药管理局、长三角生态绿色一体化发展示范区执行委员会联合印发《关于进一步推进长三角生态绿色一体化发展示范区中医联合体建设的通知》。该通知聚焦深化医改要求,坚持以便民惠民为目标,以中医药服务需求为导向,进一步整合区域中医药资源,提升示范区中医药服务水平,促进示范区中医药事业高质量发展。根据该通知,示范区将建设中医医联体一体化架构。由上海市中医医院牵头组建,示范区内中医医院为骨干的示范区中医医联体将逐步建立覆盖全区域基层的中医药协作网,通过学科共建、设置联合门诊、联合病房等方式,建立三级网络化、同质化的专科专病管理模式,建立一体化示范区中医专科专病联盟,为示范区百姓提供一体化的中医药特色服务。②

2023 年 9 月 1 日,《长三角区域体育健身服务合同示范文本(2023 版)》正式实行。《长三角区域体育健身服务合同示范文本(2023 版)》是在《上海市体育健身行业会员服务合同示范文本(2021 版)》的基础上,上海市体育局、上海市市场监督管理局经过调研论证,联合江苏省、浙江省、安徽省体育局和市场监督管理局共同制定的。《长三角区域体育健身服务合同示范文本(2023 版)》参照《上海市体育健身行业会员服务合同示范文本(2021 版)》实现了"三个一"升级:一是统一"冷静期"做法,设置 7 天冷静期全额退款条款,为长三角区域体育健身领域的冲动型消费者提供了有效保障。二是倡导"一卡通用"理念,

① 《沪苏浙皖建立考古合作机制》,载国家文物局网,http://www.ncha.gov.cn/art/2023/6/24/art_723_182535.html,2024 年 1 月 26 日最后访问。
② 《关于进一步推进长三角生态绿色一体化发展示范区中医联合体建设的通知》,载上海市人民政府网,https://www.shanghai.gov.cn/gwk/search/content/4bead5a979bc4f6e8ff8e86e6b75c37e,2024 年 1 月 26 日最后访问。

针对长三角区域人员流动频繁、健身企业跨省市连锁经营的特点,合同明确了会籍、办卡、解约、退费等体育健身核心要素,尝试让消费者持一张卡即可在长三角区域同品牌门店通用。三是统一一个"计费公式",合同沿用《上海市体育健身行业会员服务合同示范文本(2021版)》创设的公式,确定余额计算方式,明确约定退费期限,力求使长三角地区消费者的退费标准一致。[①]

2023年10月28日,上海市、江苏省、浙江省、安徽省三省一市党委统战部在浙江省宁波市召开第三届长三角统战工作研讨会。上海市委常委、统战部部长陈通,江苏省委常委、统战部部长惠建林,浙江省委常委、统战部部长邱启文,安徽省委常委、统战部部长张西明出席研讨会并分别做主题发言。此次研讨会贯彻落实《长江三角洲区域一体化发展规划纲要》,围绕2023年度长三角地区主要领导座谈会确定的重大事项,经充分研讨、协商一致,形成了工作一体谋划共商、信息宣传交流共享、理论与实践创新共研、重大风险隐患共防、人员教育培训共促等五大长效机制,明确了2023—2024年4个方面重点合作事项,签订了《沪苏浙皖统一战线聚力长三角一体化高质量发展合作协议》。会上,三省一市的专家学者、基层统战部部长做交流发言,集中展示了近年来各地统战工作取得的理论成果、制度成果、实践成果,旨在加快推动统一战线领域理论研究和实践探索的深度融合。[②]

2023年11月,上海市嘉定区、江苏省苏州市昆山市、江苏省苏州市太仓市三地税务部门联合发布"嘉昆太三地税务局党建与业务融合

---

① 《解决健身行业退卡难退费难问题——上海发布〈长三角区域体育健身服务合同示范文本(2023版)〉》,载国家体育总局网,https://www.sport.gov.cn/n20001280/n20067608/n20067635/c2-5871195/content.html,2024年1月26日最后访问。

② 《第三届长三角统战工作研讨会在甬召开》,载宁波市机关事务管理局网,http://jgswj.ningbo.gov.cn/art/2023/10/29/art_1229047313_59056307.html,2024年1月26日最后访问。

服务长三角一体化合作项目"。该合作项目围绕税收共治、信息共享、课题共研、机制共建等 12 个专题展开,以实际行动为区域经济社会发展提供税务方案,以更高质量的税收支持和服务助力长三角一体化发展。[①]

2023 年 11 月 16 日,第三届地方志与长三角一体化论坛在上海市举办。中国地方志工作办公室副主任朱旭尧,中共上海市委宣传部副部长、上海市地方志编纂委员会副主任委员高韵斐到会讲话。本次论坛由上海市地方志编纂委员会办公室、江苏省地方志编纂委员会办公室、浙江省地方志编纂委员会办公室、安徽省地方志研究院主办,上海通志馆承办。本次论坛的主题为"长三角一体化与方志馆发展"。长三角一体化既是经济的一体化,更是文化的一体化,三省一市地方志工作机构共同举办本次论坛,有助于进一步推动地方志事业服务长三角区域高质量发展。[②]

---

① 《上海:解决长三角跨省企业办税"折返跑"痛点,税务部门"跨界"服务纳税人》,载国家税务总局网,https://www.chinatax.gov.cn/chinatax/c102369/c5216890/content.html,2024 年 1 月 26 日最后访问。

② 《"地方志与长三角一体化论坛"在上海举办》,载人民网,http://sh.people.com.cn/n2/2023/1208/c134768-40671254.html,2024 年 1 月 26 日最后访问。

五、长三角法治发展中的
司法机关、监察机关

近年来,浙苏皖沪三省一市强化政策共商,积极推进司法体制改革深度合作,构建公正高效权威的区域法治环境,着力打造更高质量的法治长三角。

(一)长三角法治发展中的法院协作

1.高级人民法院层面

2023 年 1 月 16 日,为深入贯彻落实党的二十大关于推进长三角一体化发展和高质量发展的战略部署,推动长三角区域建设高效规范、公平竞争、充分开放的高标准市场体系,率先建成市场化、法治化、国际化一流营商环境,进一步激发市场主体创新创业活力,江苏省高级人民法院印发《关于强化知识产权司法保护推进长三角国际一流营商环境建设的意见》。知识产权是国家发展的战略性资源和国际竞争力的核心内容,全面加强知识产权司法保护,扎实推进长三角区域司法保护协作,对于大力激发全社会创新活力,维护公平竞争,提升长三角区域科技创新能力和城市发展能级,增强区域竞争力与内生发展动力,推动区域更高质量一体化发展具有重要意义。①

2023年4月27日,人民法院推动长三角一体化发展第二次联席会议在上海市举行。会议以"促进法律适用统一,以高质量司法服务保障长三角一体化发展"为主题。会上,江苏省高级人民法院院长夏道虎、浙江省高级人民法院院长李占国、安徽省高级人民法院院长田云鹏、上海市高级人民法院院长贾宇做主旨发言,并签署了《长三角地区人民法院案例工作"一体化"备忘录》。该备忘录以坚持改革创新、坚持问题导向、坚持共建共享为协作原则,提出了10条具体举措,包括组建长三角地区人民法院典型案例评选委员会,规范评选实施流程,建立典型案例发现培育、征集汇总、发布、适用、研讨、宣传机制,打造典型案例信息数据库,建立法律适用分歧问题发现、归纳、解决机制等。②

2023年5月22日,为推进长三角地区人民法院案例工作"一体化",以及促进法律适用统一,最高人民法院召开了人民法院高质量服务保障长三角一体化发展典型案例新闻发布会,最高人民法院推动长三角一体化发展司法工作办公室与上海市、江苏省、浙江省、安徽省三省一市高级人民法院派代表出席本次会议。发布会遴选、发布了16件典型案例。"泰州市人民检察院诉王某某等59人非法捕捞、收购长江鳗鱼苗生态破坏民事公益诉讼案"等案例入选。案例在统一法律适用方面具有重要作用,有助于树立正确裁判导向,为经济社会发展提

---

① 《江苏省高级人民法院关于印发〈关于强化知识产权司法保护推进长三角国际一流营商环境建设的意见〉的通知》,载北大法宝网,https://www.pkulaw.com/lar/7bb3c0a4949e8c16d1a7779b-21932752bdfb.html? way＝listView,2024年1月26日最后访问。

② 《为长三角地区高质量一体化发展提供更加优质的司法服务和保障 长三角四地高院签署备忘录,促进法律适用统一》,载中国法院网,https://www.chinacourt.org/article/detail/2023/04/id/7267810.shtml,2024年1月26日最后访问。

供护航。这些典型案例从不同角度展现了人民法院充分发挥司法审判职能作用,以及在服务保障长三角高质量一体化发展方面的实践与探索。践行"两山"理念,站在人与自然和谐共生的高度谋划经济社会发展,是最高人民法院在选取典型案例时主要考虑的因素之一。①

2. 中级人民法院层面

2023 年 5 月 17 日,浙江省嘉兴市中级人民法院与江苏省苏州市中级人民法院举行合作协议签约仪式,签订了《关于执行案件全案委托执行的协作协议》。这一举措进一步加强了长三角地区法院的执行协作,旨在节约司法资源,提高办案效率,切实维护当事人合法权益。根据该协议,委托法院应当在发起委托前完成被执行人财产的全面查控,将不在受托法院辖区的非主要财产处置完毕。受托法院收到委托执行函后,应当在 7 日内予以立案,并及时将立案通知书通过委托法院送达申请执行人,委托法院收到通知书后,应当在 7 日内书面通知申请执行人案件已经委托执行,并告知申请执行人可以直接与受托法院联系执行相关事宜。另外,双方还将同步建立数据统计、审批报备、争议协调等配套机制,提高长三角法院全案委托执行工作规范化水平,提升执行案件办案质效。②

2023 年 9 月 26 日,上海市松江区人民法院举行新闻发布会,发布了《服务保障长三角 G60 科创走廊科创生态建设 护航上海科技影都高质量发展审判白皮书(2021—2023)》和 10 个典型案例。白皮书显

---

① 《最高法发布高质量服务保障长三角一体化发展典型案例》,载中国法院网,https://www.chinacourt.org/article/subjectdetail/id/MzAwNCgyM4ABAA.shtml,2024 年 1 月 26 日最后访问。

② 《嘉兴中院与苏州中院建立全案委托执行协作机制》,载浙江省嘉兴市中级人民法院网,http://jxcourt.gov.cn/art/2023/5/19/art_1213314_58885894.html,2024 年 1 月 26 日最后访问。

示,2021 年 1 月—2023 年 6 月,松江区人民法院共受理涉影视产业案件 468 件。案件主要集中在著作权纠纷,服务合同纠纷,人格权纠纷,影视项目投资、融资纠纷,不正当竞争纠纷,影视剧合作创作合同纠纷等。其中著作权纠纷占比最高,达到 52.77%。以调解、撤诉方式结案案件 329 件,占审结案件的 73.43%。①

2023 年 10 月 11 日,第一届长三角海事模拟法庭在上海海事法院拉开序幕。作为全国海事系统第一次跨区域举办的模拟法庭活动,本次活动由交通运输部海事局主办,上海海事局、上海海事法院承办,浙江海事局、长江海事局、江苏海事局、连云港海事局参加。近 50 名海事执法人员到场旁听,在"法庭课堂"中提高依法履职能力,提升海事执法规范化水平。海上执法活动的依法开展,离不开海事司法机关的监督和支持。第一届长三角海事模拟法庭的举办,既有利于提升全员海事执法规范意识,也为海事系统的业务交流与问题探讨提供了平台,从而凝聚海事司法与海事执法合力,为守护海上安全、维护海洋权益提供有力保障。②

2023 年 10 月 24 日,安徽省淮南市中级人民法院和上海市闵行区人民法院在闵行区人民法院举行司法协作协议签约仪式。双方约定在诉讼服务、跨城联动等方面强化协作,进一步加强常态化沟通交流。近年来,闵淮双方认真贯彻落实沪苏浙城市结对合作帮扶皖北城市有关要求,深化合作交流,形成了一批合作成果。在司法协作协议签署

---

① 《松江区人民法院发布白皮书 保障长三角 G60 科创走廊科创生态建设 护航上海科技影都高质量发展》,载上海市高级人民法院网,https://www.hshfy.sh.cn/shfy/web/xxnr.jsp? pa=aaWQ9MTAyMDMyODM5MyZ4aD0xJmxtxtZG09bG0xNzEPdcssz,2024 年 1 月 26 日最后访问。
② 《上海海事法院承办第一届长三角海事模拟法庭》,载上海市高级人民法院网,https://www.hshfy.sh.cn/shfy/web/xxnr.jsp? pa=aaWQ9MTAyMDMzMTk3OSZ4aD0xJmxtxtZG09bG00-NjAPdcssz,2024 年 1 月 26 日最后访问。

后,两地法院将加强立案和诉讼服务协作,打造跨域联动协作工作机制;加强审判和执行领域协作,协同维护安全稳定的政治社会环境,助力长三角一体化高质量发展;建立常态化沟通交流机制,协同培育高层次审判人才队伍,打造闵淮合作法院样板。①

2023 年 11 月 3 日,长三角 G60 科创走廊九城市法院深化司法协作服务保障科创生态建设会议在上海市松江区举行。会上,上海市第一中级人民法院、上海市松江区人民法院、浙江省嘉兴市中级人民法院、浙江省杭州市中级人民法院、浙江省金华市中级人民法院、浙江省湖州市中级人民法院、江苏省苏州市中级人民法院,安徽省宣城市中级人民法院、安徽省芜湖市中级人民法院、安徽省合肥市中级人民法院联合签署了《长三角 G60 科创走廊九城市法院深化司法协作服务保障科创生态建设框架协议》。该框架协议围绕打造中国制造迈向中国创造、科技和制度创新双轮驱动、产城融合发展的"三先"走廊建设目标制定了 14 条举措。这些举措旨在响应长三角 G60 科创走廊沿线城市科创企业、市场主体、人民群众对市场化、法治化区域发展环境的呼声,同时也展现了司法机关对这一问题的集中关注。②

2023 年 11 月 10 日,由南京市中级人民法院主办、南京建邺区人民法院协办的第二届长三角金融司法论坛在江苏省南京市举行。开幕式上,最高人民法院第三巡回法庭分党组成员、副庭长齐素发布了《长三角金融审判典型案例(2022—2023)》。这些案例由长三角地区 5家法院共同评选而出,涵盖证券、银行、保险等金融专业领域,旨在进

---

① 《淮南中院与上海市闵行区法院签署司法协作协议》,载安徽法院网,http://ahfy. ahcourt. gov. cn/article/detail/2023/11/id/7613345. shtml,2024 年 1 月 26 日最后访问。

② 《松江区人民法院通报长三角 G60 科创走廊九城市法院司法协作框架协议相关内容》,载上海市高级人民法院网,https://www. hshfy. sh. cn/shfy/web/xxnr. jsp? pa=aaWQ9MTAyMDMzN-Dg1NyZ4aD0xJmxtZG09bG0xNzEPdcssz,2024 年 1 月 26 日最后访问。

一步深化区域金融司法协同，促进长三角金融裁判标准统一，在服务实体经济和金融市场创新发展中展现法院担当。上海金融法院、南京市中级人民法院、杭州市中级人民法院、合肥市中级人民法院、苏州市中级人民法院共同发布了《关于服务保障科创金融改革的司法倡议》。就服务保障科创金融改革方面，5 家法院将共树金融治理协同理念、共建科创金融保障体系、共防科创金融风险隐患、共绘"枫桥经验"金融图景、共享金融审判创新成果、共育金融审判专业人才。①

2023 年 11 月 16 日，第二届长三角海事司法论坛在江苏省南京市召开。为长三角一体化发展提供优质高效的司法服务和保障，是人民法院的重大政治责任和历史使命。在论坛上，上海市、南京市、宁波市、武汉市的 4 家海事法院签署了《长三角海事法院执行联盟战略协作备忘录》，并召开了第二届长三角海事法庭庭长论坛。②

2023 年 12 月 14 日，安徽省六安市中级人民法院党组成员、副院长桂云峰一行前往浙江省绍兴市中级人民法院，对接建立执行长效协作机制等相关工作，并签订相关制度文件。绍兴市中级人民法院党组副书记、副院长周剑敏，党组成员、执行局长蔡德炎等参加座谈讨论和签约仪式。根据双方的协作文件，两地法院将对标长三角区域一体化发展要求，不断加强区域执行协助，有力促进执行尺度统一、联动机制互通和执行信息全面共享。协议文件同时提出了高效办理执行事项委托、完善异地执行协作机制、提高财产处置权移交协调的效率、协助执行异地拘留、探索推进"执行一件事"集成改革等 6 项具体举措。双

---

① 《第二届长三角金融司法论坛在南京举行》，载杭州中院公众号，https://mp.weixin.qq.com/s/Q7djGoaRiQ5d-NEwcKX1wQ，2024 年 1 月 26 日最后访问。

② 《第二届长三角海事司法论坛在南京召开》，载中华人民共和国最高人民法院网，https://www.court.gov.cn/zixun/xiangqing/417922.html，2024 年 1 月 26 日最后访问。

方约定定期会商,以持续改进执行工作的"一体化"机制建设。在座谈讨论中,双方就执行联动机制、执行信访矛盾化解、执行队伍建设等议题展开了交流。①

3. 基层人民法院层面

2023 年 3 月 13 日,上海市青浦区人民法院、江苏省苏州市吴江区人民法院、浙江省嘉善县人民法院及三地市场监督管理局在江苏省苏州市吴江区联合举行长三角生态绿色一体化发展示范区"3·15"国际消费者权益日活动暨"六方联盟"电商优服计划启动仪式。在活动中,三地人民法院和市场监督管理局联合发布了《示范区 2022 年消费者权益保护白皮书》及十大典型案例,梳理总结了示范区相关案件情况,为示范区未来发展提供了重要的参考方向。三地人民法院及市场监督管理局联合启动了《示范区电商优服计划十条》,旨在进一步规范示范区电子商务行业发展秩序,为电商在内部合规建设、用户信息保护、多元化解纠纷、树立行业标杆、提升消费业态等方面提供支持和指导。活动现场还组建了第一批"亲吾家"消费维权志愿服务队伍。②

2023 年 6 月 2 日,上海市青浦区人民法院、江苏省苏州市吴江区人民法院、浙江省嘉善县人民法院在上海市青浦区共同举办了长三角一体化示范区法院环境资源审判情况发布会暨适法统一研讨会。会上,三地人民法院分别发布了《手握司法利剑,肩扛环保重责——一体化示范区环境资源审判大事记》《长三角生态绿色一体化发展示范区

---

① 《六安中院与绍兴中院建立执行长效协作机制》,载安徽法院网,http://ahfy.ahcourt.gov.cn/article/detail/2023/12/id/7722403.shtml,2024 年 1 月 26 日最后访问。

② 《上海青浦法院联合吴江、嘉善法院举行长三角一体化示范区国际消费者权益日活动》,载上海市高级人民法院网,https://www.hshfy.sh.cn/shfy/web/xxnr.jsp?pa=aaWQ9MTAyMDI5-NDE5NCZ4aD0xJmxtxtZG09bG00NjAPdcssz,2024 年 1 月 26 日最后访问。

环资审判白皮书(2019年—2023年)》及《长三角生态绿色一体化发展示范区环境资源典型案例(2019年—2023年)》。这些文件回顾了4年来三地人民法院服务和保障环境治理的各项工作举措,并以2019—2023年审结的环境资源案件为样本,结合三地环资审判重点工作推进情况,总结审理难点,对审理的刑事、民事、行政类等环资案件分别进行了梳理分析。三地人民法院还签署了《长三角一体化示范区法院太浦河清水绿廊环境资源保护司法协同十项措施》,以高效务实、共建共享、创新引领为基本原则,进一步加强太浦河清水绿廊环境资源司法保护力度,共建多元共治良好局面。①

2023年7月,江苏省太仓市人民法院港区法庭与上海市宝山区人民法院月浦法庭联合开展司法协作共建活动。在活动中,港区法庭负责人刘晓敏与月浦法庭庭长张继峰分别代表双方签署了协作备忘录。根据备忘录,双方将在诉源治理、跨域司法协助、智慧法庭建设、诉讼服务建设、文化建设、队伍建设等方面开展全方位、多形式、深层次的跨域司法协作,以推动实现"同城效应"。双方一致表示,两地法庭所辖地区江水相连、人文相近、民俗相融,队伍结构相似,青年力量优势明显,并且双方使命相同、愿景相契,可在建立司法协作机制的基础上探索更多的经验,创新更多的举措,走出更新的路径。②

2023年9月,江苏省昆山市人民法院花桥人民法庭党支部与上海市青浦区人民法院西虹桥(进口博览会)人民法庭党支部签署《"融合

---

① 《青浦区人民法院联合江苏吴江、浙江嘉善法院举办长三角一体化示范区法院环境资源审判情况发布会》,载上海市高级人民法院网,https://www.hshfy.sh.cn/shfy/web/xxnr.jsp?pa=aaWQ9MTAyMDMwOTQ2OSZaD0xJmxtZG09bG00NjAPdcssz,2024年1月26日最后访问。

② 《【江苏经济报】太仓法院港区法庭与上海宝山法院月浦法庭建立跨域司法协作机制》,载太仓市人民法院网,http://www.jstcfy.gov.cn/site_newscenter/001002/20230804/a108c036-adfc-4efc-854c-44a4ef78c959.html,2024年1月26日最后访问。

党建"共建协议》,旨在促进基层党组织优势互补和资源共享。两地法庭党建共建是发挥区域内司法协同优势、增强区域竞争力的具体实践。这一合作有利于双方加强司法案例协作、深化数字改革赋能,推动司法统一机制不断完善,以实际行动落实优化营商环境的要求。通过此次党建共建合作,两地法庭希望进一步推进诉源治理、协同育才等工作,不断丰富协作内容,提升协作质效。①

2023 年 10 月,江苏省苏州市吴江区人民法院太湖新城人民法庭与浙江省桐乡市人民法院濮院人民法庭共同签署了《关于服务毛纱业发展的司法协作备忘录》。该备忘录明确了两地法庭在推进诉讼服务联办机制、完善全域司法共享机制、建立信用联合评价机制、构建多维联动互动机制、联合开展省际法治宣传 5 个方面开展协作工作。两地法庭将以合作协议签订为契机,进一步整合优质的非诉纠纷化解资源,充分发挥人民法庭在源头预防和化解矛盾方面的法律优势,共同促进省际司法协作的高效运行,致力于为毛纱产业的发展提供坚实支持和保障。②

2023 年 11 月 14 日,上海市嘉定区人民法院、江苏省昆山市人民法院、江苏省太仓市人民法院举行了场景应用信息资源共享备忘录签约仪式。三地法院在线签署了备忘录,旨在共同搭建工作联络机制,以不断提升该备忘录的执行效果。在嘉昆太法院服务保障长三角一体化司法战略协作协议达成两周年之际,三地法院共同签署此备忘录,对于进一步深化三地法院司法协作,提升司法效能,规范人口管

---

① 《昆山法院花桥人民法庭党支部与上海市青浦区法院西虹桥(进口博览会)人民法庭党支部签署〈"融合党建"共建协议〉》,载昆山市人民政府网,http://www. ks. gov. cn/kss/qzkx/202309/acbc4eb8588342c8909079e12f8f5655. shtml,2024 年 1 月 26 日最后访问。

② 《吴江、桐乡两地法庭共建司法协作,共促毛纱产业发展》,载苏州市吴江区人民法院网,http://wjq. szwjfy. gov. cn/article/detail/2023/10/id/7568845. shtml,2024 年 1 月 26 日最后访问。

理,完善社会治理,推动区域发展具有重要意义。①

2023年11月27日,上海市青浦区人民法院、江苏省苏州市吴江区人民法院、浙江省嘉善县人民法院在浙江省嘉兴市嘉善县召开了长三角生态绿色一体化发展示范区法院2023年司法一体化工作会议。会议上,三地法院联合对外发布了示范区法院"十大典型案例",涵盖了民事审判、执行工作、优化法治化营商环境等多个领域。这些案例具有强大的示范引领作用,可供其他法院参考和借鉴。三地人民法院院长为入选案例的作者代表颁发了奖项,相关部门负责人也对入选案例进行了详细解读。此外,三地人民法院院长也分别就当前司法工作进行了交流发言,这些讨论和解读为三地人民法院的工作提供了重要的参考和启示。②

2023年12月7日,上海市松江区人民法院与浙江省东阳市人民法院举行合作共建签约活动。活动中,两院共同签订了《上海市松江区人民法院 浙江省东阳市人民法院协同推进影视产业知识产权应用与保护合作协议》,了解了双方知识产权司法保护情况,明确了合作责任,安排了后续协作活动部署。本次签约活动旨在搭建两院间的合作平台,围绕特定产业集群,立足两地影视产业经济品牌,建立完善的影视产业全链条"大保护"体系,为影视产业的高质量发展提供强劲的司法支持。③

---

① 《嘉定区人民法院与昆山市人民法院、太仓市人民法院签约共享场景应用信息资源》,载上海市高级人民法院网,https://www.hshfy.sh.cn/shfy/web/xxnr.jsp? pa＝aaWQ9MTAyMDMzNjg3NyZ4aD0xJmxxtZG09bG00NjAPdcssz,2024年1月26日最后访问。

② 《共谋一体化美好未来!示范区三地法院齐聚嘉善》,载浙江省人民政府网,https://www.zj.gov.cn/art/2023/11/28/art_1229278450_60183855.html,2024年1月26日最后访问。

③ 《松江区人民法院与东阳市人民法院举行合作共建签约 协同推进影视产业知识产权应用与保护》,载上海市高级人民法院网,https://www.hshfy.sh.cn/shfy/web/xxnr.jsp? pa＝aaWQ9MTAyMDM0NDAwOSZ4aD0xJmxxtZG09bG00NjAPdcssz&zd=xwxx,2024年1月26日最后访问。

(二)长三角法治发展中的检察机关协作

1. 省(市)级检察机关

2023 年 10 月 11 日,第二届虹桥检察论坛在国家会展中心(上海)召开。会上,上海市人民检察院、江苏省人民检察院、浙江省人民检察院、安徽省人民检察院会签了《沪苏浙皖检察机关数字经济知识产权保护框架协议》,旨在全面加强知识产权保护合作,助推区域数字经济发展和数字化转型,为长三角地区打造全国发展强劲活跃增长极提供有力支撑。该框架协议表明,三省一市人民检察机关要坚持以属地管辖、资源共享、协同配合、高效联动为基本原则,明确进一步加强数字经济时代知识产权检察保护工作的协作力量,建立常态化联络及信息共享机制、检察专业人才库和人才储备培养机制,积极参与推动完善数字经济知识产权法律体系,促进知识产权检察综合履职,定期联合开展跨区域打击数字经济知识产权侵权专项行动,为创新型国家建设营造良好法治环境。上海市人民检察院与上海虹桥国际中央商务区管理委员会、上海市市场监督管理局会签了《服务保障进博会知识产权保护合作协议》。该协议的目标是通过建立信息共享机制、强化办案协作衔接、加强业务资源支撑和人才交流培训,进一步加强中国国际进口博览会的知识产权保护力度,为中国国际进口博览会"越办越好"提供法治保障。[①]

---

① 《长三角检察机关会签数字经济知产保护框架协议》,载中国长三角网,https://www.china-csj.org.cn/newsdetail.jsp? colid=1093&fatherid=1085&artid=3519,2024 年 1 月 26 日最后访问。

2. 市(区)级检察机关

2023年4月,上海市浦东新区人民检察院、江苏省无锡市新吴区人民检察院、南京铁路运输检察院、南通通州湾江海联动开发示范区人民检察院举行了知识产权检察协作签约仪式。4家检察机关共同签署了《关于加强长三角地区知识产权保护检察协作的意见》。该协作意见明确对长三角地区知识产权高质量一体化发展工作提出了具体的要求,要求4家检察机关在日常联络、司法办案、信息共享、协同保护、人才培养等方面加强协作与配合。①

2023年7月,上海市崇明区人民检察院会同江苏省启东市人民检察院和江苏省南通市海门区人民检察院共同签署了《北长江口红色检察联盟框架协议》,旨在进一步深化北长江口生态检察协作机制,加强上海市崇明、江苏省启东市、江苏省南通市海门区三地检察机关的密切合作,以实现高质量党建引领和推动三地检察工作高质量发展。该协议立足北长江口生态检察协作机制,充分借助"崇启海"区域毗邻党建联盟优势,着力构建党建联心、业务联动、人才联育、发展联促的"四联"合作格局。三地将借助优质红色教育资源开展政治轮训、主题党日、联学共建等活动,将党建协作"一竿子插到底"。同时,三地立足长江大保护、崇明世界级生态岛建设大局,充分发挥一体化作战优势,进一步畅通"崇启海"办案绿色通道,互通重点数据、重大案件信息,移送异地涉案线索,形成跨区域办案合作力量。三地检察机关还围绕长江大保护、公益诉讼前沿问题等开展学术研讨、课题调研,成立专家智库,打造联合集训

---

① 《基层|四地会签,促进长三角地区知识产权检察协作》,载上海检察百家号,https://baijiahao.baidu.com/s?id=1764194601283403644&wfr=spider&for=pc,2024年1月26日最后访问。

项目,进一步探索并建立高层次水平检察人才合作培养的新模式。①

2023年10月31日,长三角G60科创走廊九城市检察机关跨区域协作工作会议在上海市松江区召开。会上,上海市松江区,江苏省苏州市,浙江省杭州市、嘉兴市、湖州市、金华市,安徽省合肥市、芜湖市、宣城市9个城市检察机关共同签署了《长三角G60科创走廊沿线九城检察机关一体化高质量发展合作框架协议》。该框架协议的目标是着力打造"1+7+N"战略合作体系,即依托"长三角G60科创走廊沿线九城检察机关年度论坛"这一长效平台,围绕护航经济发展、优化营商环境、保障知识产权、保护生态环境、推进党建融合、深化业务协作、合作培养人才7个主要领域,9个城市检察机关各扬所长,探索N种合作方式、创新合作内容、扩大合作范围,推动"长三角G60科创走廊沿线九城检察协作"品牌成为全国检察协作"新样板"。②

2023年11月15日,在长三角检察机关经验交流和研讨联建活动中,绍兴市柯桥区人民检察院与上海市虹口区人民检察院共同签署了党建共建协议书。虹口区人民检察院党组书记、检察长孙军,柯桥区人民检察院党组书记、检察长钱昌夫等出席签约仪式。根据协议内容,两地检察机关将以"组织共建、人才共育、学习共抓、信息共享、活动共办、文明共创、共建共享"为目标,依托两地丰富的红色资源,通过交流协作、业务互促、文化互融、党建合作等多种方式,多维度、多渠道开展党建工作交流。③

---

① 《"崇启海"三地检察机关共同建立党建联盟 深化北长江口检察协作》,载江苏检察网,https://www.jsjc.gov.cn/yaowen/202307/t20230714_1529624.shtml,2024年1月26日最后访问。
② 《长三角G60科创走廊沿线九城检察机关签署框架协议 打造"1+7+N"战略合作体系加强跨区域协作》,载中华人民共和国最高人民检察院网,https://www.spp.gov.cn/spp/zdgz/202311/t20231114_633797.shtml,2024年1月26日最后访问。
③ 《党建+业务 长三角检察机关合作联动 共建共赢》,载浙江检察网,http://www.zjjcy.gov.cn/art/2023/11/16/art_43_199252.html,2024年1月26日最后访问。

3.县级检察机关

2023年9月13日,江苏省南京市溧水区人民检察院与安徽省宣城市旌德县人民检察院、旌德县委林长制工作领导小组办公室共同会签了《关于建立林业碳汇案件办理跨区域协作机制的意见》。两地检察机关通过建立"司法碳汇异地认购"机制,有效地破解了长三角地区土地资源紧张、生态损害修复履行周期长、损害赔偿金存放监管难等问题,为更好地实现公益诉讼案件的生态修复效果,以及进一步提升区域生态治理法治化水平做出贡献。①

2023年12月,上海市青浦区、江苏省苏州市吴江区、浙江省嘉兴市嘉善县三地检察机关与上海市青浦区绿化和市容管理局、江苏省苏州市吴江区城市管理局、浙江省嘉兴市嘉善县综合执法行政局签订了《长三角生态绿色一体化发展示范区关于推进非法倾倒建筑垃圾行刑双向衔接跨域治理协作备忘录》。该备忘录从正向衔接、反向衔接、立案监督、办案协作、联防联控、跨域治理、大数据法律监督等方面加强协作配合,进一步完善示范区建筑垃圾管理,依法惩治非法倾倒建筑垃圾的违法犯罪行为,以保护生态环境,维护人民群众的生命财产安全。会上,青吴嘉三地行政主管部门分别介绍了三地非法倾倒建筑垃圾的现状和存在的困难。主要问题包括违法成本较低、源头打击不力、反侦查意识增强等。与此同时,三地分享了科技赋能、专项整治等方面的优秀经验及做法,丰富了跨域治理工作方式和方法。②

---

① 《南京市溧水区检察院探索建立"司法碳汇异地认购"生态检察机制》,载江苏检察网,https://www.jsjc.gov.cn/yaowen/202309/t20230921_1550933.shtml,2024年1月26日最后访问。

② 《"3+3"!这份〈备忘录〉促长三角区域建筑垃圾非法倾倒问题跨域治理》,载上海检察公众号,https://mp.weixin.qq.com/s/_pFlCZtp8_0veeR0E62AUg,2024年1月26日最后访问。

(三)长三角法治发展中的监察机关协作

2023 年 5 月 8 日,长三角地区人大监察和司法工作协作会议在安徽省六安市金寨县召开。安徽省人大常委会副主任韩军,上海市人大常委会党组副书记、副主任周慧琳,江苏省人大常委会副主任周广智,浙江省人大常委会副主任赵光君等出席会议。会议强调,深化生态环境公益诉讼协作,是携手共建绿色美丽长三角的当行之举,也是三省一市人大肩负的政治责任。加快专门立法是推动公益诉讼工作向纵深发展的基本要求,建议三省一市及时总结相关工作经验,积极向全国人大常委会提出立法建议,共同推动检察公益诉讼专门法律早日出台。同时,三省一市要进一步加强工作协同,围绕生态环境公益诉讼,同步开展立法、调研、视察或者专项监督,支持行政机关、监察机关、审判机关、检察机关共同推进公益诉讼的区域协作,助力相关部门深化在信息共享、线索移送、咨询协助、案件联办等方面的协作配合,通过同质化的工作推动生态环境公益诉讼工作的一体化发展,努力推动三省一市生态环境共保联治工作迈向新的高度。[①]

2023 年 8 月 18 日,2023 年长三角生态绿色一体化发展示范区工程渣土联合监督治理工作会议在江苏省苏州市吴江汾湖高新区召开。会议旨在进一步深化长三角生态绿色一体化发展示范区纪检监察机关执纪执法协作,加大青吴嘉三地工程渣土联合监督治理力度,有

---

① 《长三角地区人大监察和司法工作协作会议在安徽六安召开》,载中国长三角网,https://www.china-csj.org.cn/newsdetail.jsp?colid=1099&fatherid=299&artid=3248,2024 年 1 月 26 日最后访问。

效遏制工程渣土跨界违规倾倒对示范区环境造成的破坏,并提升示范区工程渣土协同治理水平。未来,青吴嘉三地纪检监察组织将以工程渣土联合监督治理为突破口,加强跨区域联合执法行动力度,强化示范区执法协作,建立跨区域保障机制,进一步凝聚三地联合监督治理合力,促成更多具有联动性和协同性的执纪执法典型案例。①

2023年11月16日,"高效协同护航 跨域一体发展"2023年长三角生态绿色一体化发展示范区纪检监察工作协作会议在浙江省嘉兴市嘉善县举行。青吴嘉三地纪检监察干部参加会议。会上,青吴嘉三地纪委监委共同签署了《长三角生态绿色一体化发展示范区纪检监察工作2024—2026协作备忘录》,举行了"清来长三角"文化廉盟Logo发布仪式,同时启动了示范区纪检监察渣土数字化平台应用。与会领导分别围绕进一步加强青吴嘉三地纪检监察工作的协作交流,共同打造纪检监察工作高质量发展的区域协作样板做交流讲话。②

2023年12月,江苏昆山花桥经济开发区纪工委、上海市嘉定区安亭镇纪委和青浦区白鹤镇纪委联合签署了《"安亭、花桥、白鹤"三地纪检监察工作协作共建框架协议》。根据该协议,三地纪检监察机关将围绕政治监督、审查调查、专项治理、廉洁教育、队伍建设等方面健全协同监督体制机制,形成一体化工作格局,共同推动区域纪检监察工

---

① 《"青吴嘉"三地召开长三角一体化示范区工程渣土联合监督治理工作会议》,载中共上海市青浦区纪律检查委员会 上海市青浦区监察委员会网,http://sup.shqp.gov.cn/sup/ywyl/20230825/1132165.html,2024年1月26日最后访问。

② 《"高效协同护航 跨域一体发展"示范区纪检监察工作协作会议在嘉善举行》,载中共上海市青浦区纪律检查委员会 上海市青浦区监察委员会网,http://sup.shqp.gov.cn/sup/ywyl/20231207/1151194.html,2024年1月26日最后访问。

作高质量发展。三地纪检监察机关聚焦"亭桥鹤"城镇圈一体化发展重大项目建设,在框架协议的指导下,确立了加强道路互联互通、数字赋能共建通办、强化产业协作互补 3 个重点项目。通过共同强化监督,三地确保重大项目高效推进、廉洁运行。①

---

① 《一体监督护航长三角发展 沪苏浙皖纪检监察机关完善协同监督机制》,载中华人民共和国财政部网,http://jx.mof.gov.cn/zt/jgdj/lianzhengjianshe/202312/t20231220_3923079.htm,2024年1月26日最后访问。

六、长三角法治发展中的法治教育
与法学研究

"法学教育和法学理论研究承担着为法治中国建设培养高素质法治人才、提供科学理论支撑的光荣使命,在推进全面依法治国中具有重要地位和作用。"2023 年 2 月,中共中央办公厅、国务院办公厅印发了《关于加强新时代法学教育和法学理论研究的意见》,并发出通知,要求各地区各部门结合实际认真贯彻落实。①

(一)法治教育

2023 年 5 月 29 日,正值六五环境日即将来临之际,浙江省高级人民法院在杭州市启动了浙江省法院六五环境日司法宣传周活动,并发布了《浙江环境资源审判绿皮书》及 2023 年浙江法院环境资源审判典型案例。围绕"建设人与自然和谐共生的现代化"主题,浙江省法院聚焦环境资源司法保护,开展了一系列形式多样的宣传活动。生态环境保护是一项系统工程,浙江省法院坚持以审判为中心,积极发挥能动

---

① 《中共中央办公厅　国务院办公厅印发〈关于加强新时代法学教育和法学理论研究的意见〉》,载中华人民共和国中央人民政府网,https://www.gov.cn/zhengce/2023-02/26/content_5743383.htm,2024 年 1 月 26 日最后访问。

司法作用。5年来,浙江省高级人民法院联合浙江省生态环境厅等联合印发了《完善生态环境和资源保护行政执法与司法协作机制的意见》,持续推进环境行政执法与司法之间的紧密协作。同时,浙江省高级人民法院与上海市高级人民法院、江苏省高级人民法院、安徽省高级人民法院签署了《关于长三角地区人民法院环境资源司法协作框架协议》,为长三角区域一体化发展战略提供优质的司法保障。①

2023年6月12日,上海市杨浦区人民法院和复旦大学法学院举行了合作共建协议签署活动暨推进新时代法学教育、法学理论研究和司法实践座谈会。会上,上海市杨浦区人民法院党组成员、副院长陈杰华与复旦大学法学院党委书记徐瑾共同签订了《复旦大学与上海市杨浦区人民法院共建"复旦大学法学院—上海市杨浦区人民法院教学实践基地"合作框架协议》。该协议依托双方各自优势,推动法院和法学院在"政产学研用"等领域开展紧密合作,旨在提升法学实践教学的质量,培塑学生的创新精神、创业技能和实践能力,共同致力于培养更多德才兼备的高素质法治人才。②

2023年6月17日,第三届长三角仲裁律师论坛在江苏省南京市举行。本次论坛由江苏省律师协会、上海市律师协会、安徽省律师协会、浙江省律师协会共同举办,吸引了长三角三省一市律师协会仲裁法律业务委员会主任、委员,以及多位专家、学者、律师代表参加。本次论坛以"仲裁前沿、共促营商发展"为主题,旨在共同搭建仲裁业务专业化交流平台,促进长三角地区仲裁律师之间的相互沟通,提升长

---

① 《浙江法院启动六五环境日司法宣传周活动》,载浙江法院网,https://www.zjsfgkw.gov.cn/art/2023/5/30/art_56_28090.html,2024年1月26日最后访问。

② 《杨浦区人民法院与复旦大学法学院举行合作共建协议签署活动》,载上海市高级人民法院网,https://www.hshfy.sh.cn/shfy/web/xxnr.jsp?pa=aaWQ9MTAyMDMwODQwNyZ4aD0xJm-xtZG09bG00NjAPdcssz&zd=xwxx,2024年1月26日最后访问。

三角地区仲裁律师的整体竞争力和竞争水平。南京大学法学院教授、博士生导师宋晓教授以"推进仲裁职业化发展"为主题做演讲。论坛设立了"金融纠纷仲裁解决""建设工程纠纷仲裁解决""并购纠纷仲裁解决""国际仲裁争议解决"等4个主题的圆桌讨论。同时,论坛还发布了《第三届长三角仲裁律师论坛论文荟萃》和《律师办理商事仲裁法律业务操作指引(试行)》2项重要研究成果。[①]

2023年6月,上海市青浦区、江苏省苏州市吴江区、江苏省昆山市、浙江省嘉兴市嘉善县四地农机安全监管部门齐聚上海市青浦区金泽镇,共同开展以"人人讲安全 个个会应急"为主题的农机安全生产联合宣传活动。活动现场设立了展板,展示了真实的农机事故案例,以警示教育方式提醒拖拉机驾驶员无证驾驶、农业机械不参加检验等行为可能带来的危害和风险。农机监管人员针对农机安全生产的法律法规知识进行了集中宣传,并向参与者发放了宣传手册。他们向农机操作人员讲解了农机安全作业的常识以及农机维修保养方面的知识,旨在提高农机技术操作水平和安全意识。四地农机监管部门在活动中进行了座谈研讨,针对示范区日益密切的农机作业交流现象,就道路运输拖拉机整治、农机安全检验、跨区作业农机具的农机监理、执法等工作展开了一体化推进的研讨。[②]

2023年6月30日,嘉兴市法学会组织专家参加了长三角毗邻地区公民法治素养提升研讨会暨嘉兴市秀洲区"法助小微"企业应用上线仪式。本次活动的主题是提升公民法治素养,打造一流法治营商环

---

① 《第三届长三角仲裁律师论坛在宁举办(图)》,载江苏省司法厅 江苏政府法制网,http://sft.jiangsu.gov.cn/art/2023/6/22/art_48513_10931029.html,2024年1月26日最后访问。

② 《区域联动携手合作 共织长三角一体化农机安全网》,载江苏省农业农村厅(江苏省乡村振兴局)网,http://nynct.jiangsu.gov.cn/art/2023/6/25/art_13486_10932782.html,2024年1月26日最后访问。

境。参与研讨的专家学者来自上海市黄浦区、江苏省苏州市司法部门，以及浙江省内外相关高校。来自长三角地区的高校学者们围绕长三角区域一体化法治保障、企业合规建设、公民法治素养、法治营商环境打造等主题进行交流发言。嘉兴市委政法委委务会议成员、市法学会专职副会长余中华等领导出席了嘉兴市秀洲区"法助小微"企业应用上线仪式及嘉兴市公民法治素养提升专家聘任仪式。①

2023年7月31日，上海市青浦区在青溪园正式启动"青浦区环城水系法治文化建设综合体——长三角法治会客厅"项目，为青浦区"水乡会客厅"建设注入了法治助力。这一项目的最大特点在于广泛利用"嵌入"方式，运用数字赋能的现代化手段促进法治文化与其他文化的充分融合，在润物细无声中提升法治宣传的融入效果；其最大的优势在于摒弃了以往扁平化的法治宣传特点，推动形成了群众休闲、法治宣传、民生服务"三位一体"的法治文化建设新格局，积极探索法治宣传教育工作现代化改革，并创设性地架构了"12345"法治文化建设综合体的新功能。青浦区法治政府建设示范创建成员单位及各街镇的分管领导参加了启动仪式。环城水系17个驿站的"法治屋"同步开展了富有特色的公共法律服务活动。②

2023年9月11日，2023年长三角生态绿色一体化发展示范区网络安全宣传周活动在国家会展中心（上海）拉开帷幕。本届长三角生态绿色一体化发展示范区网络安全宣传周活动以"网络安全为人民，网络安全靠人民"为主题，旨在通过形式多样、内容丰富的系列活动，

---

① 《嘉兴市法学会组织专家参加长三角毗邻地区公民法治素养提升研讨会》，载浙江省法学会网，http://www.zjfxh.com/news.html? id=3413,2024年1月26日最后访问。

② 《"青浦区环城水系法治文化建设综合体——长三角法治会客厅"项目正式启动》，载上海市司法局网，https://sfj.sh.gov.cn/ywzx_ggflfw/20230804/d4c8ad2df5d1442b903fc07d4d70b2b4.html,2024年1月26日最后访问。

宣传网络安全理念、普及网络安全知识、推广网络安全技能，营造全社会共筑网络安全防线的浓厚氛围。开幕式现场还举行了 2023 年 ISG 网络安全技能竞赛"观安杯"管理运维赛决赛获奖单位授牌仪式，并启动了各地网络安全宣传周特色活动。[①]

2023 年 9 月 27 日，为激励先进，充分发挥典型的示范引领作用，加快推进安徽省社会主义法治文化建设，中央安徽省委宣传部、安徽省司法厅、安徽省法治宣传教育工作领导小组办公室印发《关于命名安徽省法治宣传教育基地的通知》。合肥市法治乡村教育基地等 24 家基地被命名为新一批安徽省法治宣传教育基地。此次被命名的 24 家省级法治宣传教育基地反映了安徽省近年来在法治宣传教育方面取得的丰硕成果，涵盖了红色基因传承、法治文化建设、基层依法治理、青少年法治宣传教育等方面的探索实践，为安徽省依托社会资源开展法治宣传教育提供了新思路、新方法和新样板。[②]

2023 年 11 月，长三角生态绿色一体化发展示范区社区矫正联合培训大讲堂在上海市青浦区朱家角举办。青吴嘉三地司法局社区矫正工作人员参加本次活动。通过跨区域联合培训的方式，本次活动进一步加强了三地社区矫正工作队伍之间的交流与学习，提升了社区矫正工作队伍推进示范区社区矫正专业化发展的能力。培训结束后，青吴嘉三地通报了各自社区矫正工作的开展情况，深入交流了各地区工作经验和做法，分享了成功案例和先进经验。在此基础上，与会人员探讨了跨区域合作的具体措施和路径，旨在进一步提升区域协作的执

---

① 《2023 年长三角生态绿色一体化发展示范区网络安全宣传周启动！》，载中共嘉善县委 嘉善县人民政府网，http://www.jiashan.gov.cn/art/2023/9/14/art_1229250583_59050472.html，2024 年 1 月 26 日最后访问。

② 《我省命名 24 家省级法治宣传教育基地》，载安徽省司法厅网，https://sft.ah.gov.cn/zhzx/pfxc/56944311.html，2024 年 1 月 26 日最后访问。

行力。①

2023 年 12 月 7 日，上海市杨浦区人民法院与同济大学上海国际知识产权学院（以下简称：同济大学国知院）举行合作共建签约暨"知识产权教学科研实践基地"揭牌活动，旨在进一步促进知识产权理论研究与司法实务的有机结合，助力新时代高素质知识产权法治人才的培养。在活动中，上海市杨浦区人民法院党组成员、副院长陈杰华与同济大学国知院副院长姜南共同签订了《上海市杨浦区人民法院—同济大学上海国际知识产权学院合作协议》。双方联动协同，在实务教学、理论调研、数据应用等方面展开合作，旨在实现司法审判与法学研究的协调发展。②

（二）法学研究

2023 年 2 月 8 日，由中国法学会指导，安徽省法学会承办的第十九届长三角法学论坛在安徽省合肥市召开。本届论坛主题是"深入学习贯彻习近平法治思想　创造一流法治化营商环境"。中国法学会党组成员、副会长张苏军在线出席并讲话，安徽省委常委、秘书长、政法委书记、安徽省法学会会长张韵声出席并致辞。在此次论坛上，浙苏皖沪三省一市专家学者通过线下与线上相结合的方式进行主旨报告，并围绕长三角立法协同、数字经济法治保障、诉源治

---

① 《青吴嘉三地举办长三角生态绿色一体化发展示范区社区矫正联合培训大讲堂》，载上海市司法局网，https://sfj.sh.gov.cn/ywzx_jyjdjz/20231130/ce0e3761e8b4414ab6cde9c55106d946.html，2024 年 1 月 26 日最后访问。

② 《杨浦区人民法院与同济大学上海国际知识产权学院合作签约》，载上海市高级人民法院网，https://www.hshfy.sh.cn/shfy/web/xxnr.jsp? pa＝aaWQ9MTAyMDM0MTYwMyZ4aD0xJm-xtZG09bG00NjAPdcssz&zd＝xwxx，2024 年 1 月 26 日最后访问。

理、助力法治化营商环境等主题进行研讨交流,为长三角一体化高质量发展献计献策。①

2023 年 2 月 19 日,2023 长三角金融法治论坛在江苏省镇江市举行。该活动由江苏大学、外滩金融创新试验区法律研究中心、上海股权投资协会、上海国际服务贸易行业协会主办,镇江市律师协会和镇江律师学院承办。在论坛上,著名金融专家和仲裁员张宁、中国国际经济贸易仲裁委员会副主任兼秘书长王承杰等嘉宾做主旨演讲。来自长三角地区的企业家、金融家和法学法律专家聚焦金融服务长三角一体化的法律视角,就"多层次资本市场与法律服务""股权投资融资与争端解决""长三角一体化的金融与法治合作"3 个模块进行了主题演讲与探讨。论坛还举行了《外滩金融创新试验区法律研究》(2023年版)首发式,镇江市律师林杰、李敏等被聘为外滩金融创新试验区法律研究中心研究员。②

2023 年 3 月 29 日,中韩(盐城)法律服务产业园正式开园。江苏省司法厅副厅长张亦军,盐城市副市长、市公安局局长谢继步出席开园仪式并为产业园揭牌。盐城市司法局党委书记、局长洪家宁主持开园仪式。中韩(盐城)法律服务产业园位于盐城经济技术开发区未来科技城,以构建"产业链＋法学研究＋法律服务"为目标,立足中韩(盐城)产业园、辐射江苏省、面向长三角,着力打造集公共法律服务、法治理论研究、法治论坛交流、法治教育培训、智慧法务、涉法务全链条服务等功能于一体的法治创新聚集区。在开园仪式上,领导们为产业园

---

① 《第十九届长三角法学论坛在合肥举办》,载法治网,http://www.legaldaily.com.cn/xjpfzsx/content/content_8838934.html,2024 年 1 月 26 日最后访问。

② 《镇江市举办 2023 长三角金融法治论坛》,载法润江苏普法平台网,http://frjs.jschina.com.cn/31022/31034/202302/t20230221_7836145.shtml,2024 年 1 月 26 日最后访问。

法治宣传推广中心、知识产权保护中心、涉外法律服务中心等部门的主任颁发聘书，相关律所签署了合作协议。①

2023 年 6 月 3 日，首届长三角资本市场法律服务论坛在安徽省合肥市成功举办。本次论坛由上海市律师协会证券业务研究委员会、安徽省律师协会证券期货专业委员会、浙江省律师协会证券与资本市场专业委员会、江苏省律师协会证券期货法律业务委员会共同举办。来自浙苏皖沪三省一市律师协会相关专业委员会的 100 余名律师参加了此次交流和研讨。②

2023 年 6 月 17 日，主题为"知识产权强国促发展，创造智慧数字经济，服务长三角一体化"的第二届"北京—长三角知识产权保护实务智库"论坛在上海市举行。本次论坛由中国法学交流基金会和北京—长三角知识产权保护实务智库主办，上海财经大学法学院承办，上海法院数字经济司法研究及实践（嘉定）基地协办，江苏省知识产权保护中心、浙江省知识产权保护中心、北京中周法律应用研究院、南京大学法学院提供支持。最高人民法院知识产权法庭副庭长周翔、上海市知识产权局局长芮文彪、上海财经大学法学院党委书记罗山鸿、中国法学交流基金会理事长张所菲出席论坛。江苏省知识产权保护中心主任王亚利为来自不同领域的行业专家颁发了第二批智库专家聘书。同时，北京中周法律应用研究院发布了智库研究成果《2023 长三角地区商标侵权诉讼报告》。北京—长三角知识产权保护实务智库的建立为知识产权司法机关和行政主管部门、学界、业界等提供了一个重要的

---

① 《中韩（盐城）法律服务产业园正式开园》，载江苏省司法厅　江苏政府法制网，http://sft.jiangsu.gov.cn/art/2023/3/31/art_48513_10848688.html，2024 年 1 月 26 日最后访问。

② 《【安徽法制报】首届长三角资本市场法律服务论坛在肥举办》，载安徽省律师协会网，ht-tp://www.ahlawyer.com.cn/DocHtml/1/23/06/00018935.html，2024 年 1 月 26 日最后访问。

交流平台。这一平台有助于凝聚共识，形成合力，推动知识产权保护工作，促进长三角一体化发展的建设。①

2023年6月30日，第一届长三角一体化发展司法论坛在华东政法大学举行。论坛分为民商法论坛、行政法和刑法论坛、知识产权法论坛、司法制度论坛。与会专家学者针对长三角一体化发展相关的司法问题进行了主题报告，并展开学术交流。本次论坛对深入践行习近平法治思想，服务保障长三角一体化发展具有积极意义。2021年，最高人民法院第三巡回法庭在华东政法大学设立长三角一体化发展司法研究中心。几年来，该研究中心充分发挥共建优势，加强了对司法参与区域协同治理的理论研究和实践探索。本次论坛是研究中心成立后举办的首次大型学术会议，有利于司法机关与高校资源共享、优势互补、互惠共赢、共同发展，为长三角一体化高质量发展提供有力人才保障和智力支持。②

2023年9月2日，由上海市律师协会、江苏省律师协会、浙江省律师协会、安徽省律师协会共同主办，合肥市律师协会承办的首届长三角企业合规法律业务研讨会在安徽省合肥市成功举办。浙苏皖沪三省一市律师协会相关负责人出席开幕式并致辞。本次研讨会以"合规护航　行稳致远"为主题，各界专家学者与企业界人士、律师齐聚一堂，各抒己见，深入探讨企业合规领域的法律理论、实务问题，互学互鉴，取长补短。在当前背景下，企业合规法律业务不仅对企业自身发展至关重要，而且对维护市场秩序、促进公平竞争具有重要意义，还会

---

① 《第二届"北京—长三角知识产权保护实务智库"论坛在上海举行》，载法治网，http://www.legaldaily.com.cn/fxjy/content/2023-06/19/content_8866857.html，2024年1月26日最后访问。

② 《第一届长三角一体化发展司法论坛在上海举办》，载中国法院网，https://www.china-court.org/article/detail/2023/07/id/7376803.shtml，2024年1月26日最后访问。

对社会公共利益和国家法治建设产生深远影响。本次研讨会是深入贯彻党的二十大精神、落实全面依法治国战略部署的具体行动,是响应和落实司法部党组提出的"五点希望"的具体举措。聚焦新时代企业合规法律业务的发展,有助于提升长三角地区律师事业的质量,推动长三角地区法治化营商环境的构建。①

2023 年 11 月 2 日,第六届长三角竞争法论坛暨"高质量发展与反垄断法:国际视野与中国方案"国际学术研讨会在浙江省杭州市举行。浙江省法学会副会长、浙江省公安厅党委专职副书记王建,浙江省市场监督管理局副局长刘璇,浙江理工大学党委委员、副校长郭玉海教授,阿登纳基金会(德国)北京代表处首席代表傅佑晗等领导和嘉宾出席会议并致辞。会议开幕式由浙江理工大学法政学院院长王健主持。会议强调,上海市法学会竞争法学研究会、浙江省法学会竞争法学研究会、江苏省法学会经济法学研究会、安徽省法学会经济法学研究会共同主办的长三角竞争法论坛汇聚了长三角地区的竞争法学理论和实务届的专门人才,要努力搭建理论和实务相结合的学术交流平台,把长三角竞争法论坛打造成为竞争法学研究共同体和创新高地。②

2023 年 11 月 13 日,在长三角 G60 科创走廊公共法律服务中心启用仪式暨加快构建长三角 G60 科创走廊科创法律服务生态研讨会上,华东政法大学公共法律服务学院发布了《长三角 G60 科创走廊法治化营商环境评估报告》。该报告对长三角 G60 科创走廊 9 个城市法治化营商环境建设进行了分析,并提出了针对性的建议和对策,对优

---

① 《首届长三角企业合规法律业务研讨会在合肥市成功举办》,载合肥市司法局网,https://sfj.hefei.gov.cn/dtxx/gzdt/15036107.html,2024 年 1 月 26 日最后访问。

② 《第六届长三角竞争法论坛暨"高质量发展与反垄断法:国际视野与中国方案"国际学术会议在杭州举行》,载浙江省法学会网,http://www.zjfxh.com/news.html? id=3551,2024 年 1 月 26 日最后访问。

化这9个城市的法治化营商环境具有借鉴意义。该报告建议要高度重视长三角G60科创走廊建设中的制度保障,特别是要充分发挥松江区在建设具有全球影响力的科创中心方面的优势。此外,报告指出要加快长三角G60科创走廊建设,使其成为"中国制造迈向中国创造的先进走廊、科技和制度创新双轮驱动的先试走廊、产城融合发展的先行走廊"。①

2023年11月19日,第五届长三角劳动法律师业务交流会在安徽省合肥市举行。在中华全国律师协会劳动与社会保障法专业委员会、安徽省律师协会的共同指导下,本次会议由浙苏皖沪三省一市律师协会劳动与社会保障专业(业务)委员会共同主办,合肥市律师协会承办。本次会议聚焦劳动法律师业务发展,以精选主题论文分享开启,圆桌讨论结束。会议以"优化法治营商环境 助力企业用工合规管理"为主题,对劳动法领域前沿问题进行了深度研讨。本届长三角劳动法律师业务交流会汇聚了来自北京市、上海市、福建省、江西省、辽宁省等地的劳动法领域专家、律师代表。与会者共同探讨了当前劳动法律师业务面临的挑战和机遇,旨在为促进长三角地区企业用工合规法律业务的高质量发展做出积极贡献。这次交流会有助于推动长三角地区劳动法律事务的深入发展,为劳动者和企业提供更全面、更专业的法律服务。②

2023年12月22日,第二十届长三角法学论坛在浙江省诸暨市举办。本次论坛主题为"以党的二十大精神为指引,坚持和发展新时代

---

① 《〈长三角G60科创走廊法治化营商环境评估报告〉发布》,载上海司法局网,https://sfj.sh.gov.cn/ywzx_ggflfw/20231117/5b86ba3f66644c87bb665666d6741353.html,2024年1月26日最后访问。
② 《第五届长三角劳动法律师业务交流会在合肥成功举行》,载安徽省律师协会网,http://www.ahlawyer.com/DocHtml/1/23/11/00019697.html,2024年1月26日最后访问。

'枫桥经验'"。来自浙苏皖沪三省一市的 150 余名党委政法委、法学会的领导和北京大学、浙江大学、中国人民大学、复旦大学、中南财经政法大学、南京师范大学等 10 余所高校的专家学者齐聚一堂,围绕新时代"枫桥经验"社会治理制度化、新时代"枫桥经验"与正确处理人民内部矛盾、新时代"枫桥经验"与中国优秀传统法律文化、新时代"枫桥经验"的空间拓展等重大课题进行研讨。这次论坛为推进长三角地区基层治理、协同发展提供了法学理论支撑和法治解决方案。①

2023 年 12 月 29—30 日,第二届长三角劳动法治建设论坛在浙江省杭州市召开。来自北京市、上海市、江苏省、浙江省、安徽省的近百位劳动法专家、学者、律师共同为长三角乃至全国的劳动法治建设提供思路和意见。劳动法治建设旨在通过依法规范和保护劳动关系,为劳动者提供公平、公正的劳动环境。这是长三角一体化发展国家战略中意义重大的部分。然而,随着经济的快速发展和产业结构的调整,社会劳动关系变得复杂多变,劳动纠纷也呈现出新的特点和趋势。长三角地区作为中国经济最活跃、开放程度最高、创新能力最强的地区之一,劳动力市场的发展对区域一体化有着重要战略意义。在新时期、新时代、新经济背景下,浙苏皖沪三省一市法学研究会以一体化的思路和举措打破壁垒,旨在提高劳动法治建设中的各项工作协同,解决长三角区域劳动关系发展中的突出问题。此次论坛收到了 80 余位专家、学者、律师所撰写的论文共计 57 篇,部分论文作者现场分享了理论与实务看法。②

---

① 《以党的二十大精神为指引　坚持和发展新时代"枫桥经验"　第二十届长三角法学论坛在诸暨举办》,载浙江省法学会网,http://www.zjfxh.com/news.html? id=3591,2024 年 1 月 26 日最后访问。

② 《依法规范保护劳动关系　探索长三角一体化建设进程》,载人民网,http://zj.people.com.cn/n2/2023/1230/c228592-40698743.html,2024 年 1 月 26 日最后访问。

七、长三角法治发展中面临的问题与解决方案

长三角地区作为中国经济发展的重要引擎,法治建设在其发展中扮演着至关重要的角色。然而,随着一体化进程的加速,长三角地区的法治发展面临着一系列挑战和问题,我们亟须寻求有效的解决方案。

(一)长三角法治发展中面临的问题

1.区域协同立法问题

长三角生态绿色一体化发展示范区(以下简称:一体化示范区)跨区域协同立法为促进一体化示范区高质量发展提供服务,我们应观注其建设过程中存在的重大问题、疑难问题和"卡脖子"问题,提供切实有效的制度解决方案。充分发挥立法优势,在立法中运用专门制度设计,明确一体化示范区建设中涉及权力、权利、义务、程序等的内容,解决目前存在的各类具有代表性的问题。一是管理体制层面问题的立法。目前,尽管一体化示范区成立了理事会、执行委员会,并在一定程度上明确了决策机构、执行机构的职权,但从实践来看,一体化示范区

建设中依然存在一些涉及决策和实施的问题没有能够通过管理体制予以明确,各方权利和义务也没有正式运用法规予以固定。这导致推动各项工作过程中抓手不够实,效果不够明显,未能真正体现一体化合力和特色。因此,针对管理体制中的问题进行立法,我们先要把握机构立法,进一步优化健全机构职权,让治理主体师出有名,有职有权,能够在治理中起到组织、推动、协调的职能。二是一体化示范区重点任务领域的立法。依据《长三角生态绿色一体化发展示范区总体方案》,一体化示范区涉及生态环保、基础设施、科技创新、公共服务等重点领域。这些重点领域反映了示范区在一体化发展过程中最为关键的任务,既包含基础性内容,也涉及关键方面的创新,直接关系到一体化示范区的高质量发展水平。同时,这些领域也是问题相对集中的,我们要坚持以问题为导向,把握主要矛盾。有关的跨区域立法应当聚焦这些重点领域,特别是针对治理过程中发现的问题和代表性需求要有针对性地通过立法予以体现。三是一体化示范区建设过程中体制机制的堵点、难点、痛点的立法。长三角地区尤其是一体化示范区所涉及的青吴嘉三地地域相连、文化相近、人缘相亲。但由于行政区划分割,各地在改革发展进程中有着不同的路径选择、利益追求和关注热点,因而在招商引资、外贸出口、城市管理、人才流动、环境保护等具体政策和制度方面存在不少差异,甚至存在激烈竞争。而缺乏有效约束的地域竞争,往往导致地方保护主义丛生,造成区域市场分割、重复建设、资源要素流动困难等问题。在跨区域协同立法过程中,我们要瞄准堵点、难点、痛点,有的放矢予以应对。①

---

① 邹鹏,顾屹.长三角一体化示范区跨区域协同立法重点问题研究[C]//上海市法学会.《法学前沿》集刊 2023 年第 2 卷——长三角区域一体化的法治保障研究文集.[出版者不详],2023:9.

2.适法标准统一问题

法治协同是长三角区域一体化的重要保障,随着《长江三角洲区域一体化发展规划纲要》的实施,围绕"一体化"和"高质量"的一体化法治保障需求愈加迫切,也对审判机关、检察机关在长三角地区如何以司法办案为中心履行司法职能并形成一体化法治合力提出新要求。然而,我们经过调研长三角区域内常见罪名法律适用情况后发现,当前长三角区域内因司法标准差异化导致的"类案不同办""类案不同判"现象较为普遍。(1)相同行为是否构成犯罪标准存在差异。以危险驾驶罪为例,在居民小区内醉酒驾驶的行为是否入罪,各地标准不同。上海市、浙江省一般作为"危险驾驶罪"认定,江苏省一般作为无罪处理。(2)相同犯罪数额的认定标准存在差异。以抢夺罪为例,抢夺1200元在上海市一般被认定为抢夺罪,而在江苏省、浙江省一般做无罪处理;抢夺1800元的,上海市、江苏省一般认定为抢夺罪,浙江省一般做无罪处理。(3)相同情节的不起诉和免予刑事处罚标准存在差异。以醉驾为例,醉驾检测仪显示的酒精含量为105,且系初犯、悔罪,并无其他危害后果的,上海市一般应予起诉,江苏省、浙江省一般不起诉、免予刑事处罚。(4)相同犯罪数额所对应的法定量刑罚规定存在不一致的司法政策标准。①相同犯罪数额对应的量刑幅度范围不同。以盗窃罪为例,同是盗窃4万元,上海市认定为盗窃"数额巨大",对应量刑幅度为3—4年有期徒刑为量刑起点,量刑上限为10年以下;江苏省认定为盗窃"数额较大",对应量刑幅度为3个月拘役至9个月有期徒刑,量刑规定差异很大。②增加相同犯罪数额所对应的法定量刑幅度标准不一。以职务侵占罪为例,在"数额较大"的量刑幅度内,上海市执行"犯罪数额每增加1700元,增加1个月刑期,从而确定基准刑"的标准,江苏省执行标准为"数额每增加 2 万元,增加 1 个月刑期确定基准刑",数额差达 10 多倍。[①]

3.区域税收法治问题

长三角作为我国商品经济最繁荣的区域之一,自改革开放之初,诸如"苏南模式""浙江模式"的兴起,使长三角成为县域经济最为发达的区域之一。据统计,2020 年中国县域经济百强排行榜中长三角地区占据 46 席。[②] 然而,县域经济繁荣所带来的负面影响是地方利益隔绝较为严重,阻碍了生产资料的自由流动,府际竞争的现象非常普遍,而府际竞争最典型的表现即体现为财税竞争。各级地方政府对税法的解释权与自由裁量权若被错误使用,可能会导致一种地方政府间的竞赛体制的形成。这种竞赛体制直接导致地方经济社会发展的巨大落差,也导致上级政府的财政再分配能力下降,使政府间关系处于某种程度的紧张状态。[③]

4.碳中和立法协同问题

长三角一体化发展虽早已上升为国家战略,但目前浙苏皖沪三省一市的地方立法尚未做出有效的回应,表现在碳中和相关的区域立法协同方面,仅有"大气污染防治"[④]单一领域有所进展且都是通过各地

---

① 《全国人大代表陈晶莹:长三角一体化法治协同,如何统一一适法标准?》,载社会科学报社公众号,https://mp.weixin.qq.com/s/GKIW19tne9BpsOaWjNInUg,2024 年 1 月 26 日最后访问。

② 《长三角 46 个县域入围 2020 中国百强县》,载东方网,http://news.eastday.com/eastday/13news/auto/news/china/20200731/u7ai9420835.html,2024 年 1 月 26 日最后访问。

③ 欧阳天健、陈少英.长江三角洲区域高质量一体化的税收法治保障[J].中南民族大学学报(人文社会科学版),2022,42(6):119-129,186.

④ 毛新民.上海立法协同引领长三角一体化的实践与经验[J].地方立法研究,2019,4(2):50-59.

分别立法实现,在实现区域立法协同所要达成的目标上仍然存在不足,进展并不理想。《长江三角洲区域一体化发展规划纲要》提出了构建"立法协同常态化机制",为该地区在碳中和领域探索立法协同的新境界给予了明确指示。作为长三角地区迈出立法协同的坚实一步,浙苏皖沪三省一市在《关于支持和保障长三角地区更高质量一体化发展的决定》中提出,法规、规章和规范性文件应以标准协同、监管协同等协同制度为支撑,以确保协同立法有明确的指引和规范可循。这一举措将为长三角地区的一体化发展提供更坚实的法律保障和支持。生态环境部办公厅于 2022 年 6 月印发的《减污降碳协同增效实施方案》确立了"区域协同"的工作原则,并呼吁开展区域减污降碳协同的模式创新。在政府规章制度方面,上海市的《上海市行政规范性文件管理规定》率先规定以长三角地区更高质量一体化发展作为文件制定的执行标准。[1] 在统一的碳市场服务体系建设方面,《安徽省实施〈优化营商环境条例〉办法》和《合肥市优化营商环境若干规定》已明确落实了长三角法治营商环境建设区域协同机制。然而,在开展"双碳"目标行动时,气候变化的不确定性可能导致三省一市在立法协同相关事宜上因经济社会发展状况不同而产生分歧,进而无法形成足够稳定的共识,从而对碳中和立法协同造成困扰,气候变化的时空性还可能给区域内部的统一协作带来一定困难,甚至对行政监管体制革新和更新带来挑战。当前,长三角碳中和立法协同过程面临规范欠缺、主体不清、事项模糊和理念冲突等难题。[2] 与此同时,由于缺乏清晰的立法协同路线图,碳中和领域的分散式地方性立法极大地影响了规范地方政

---

① 李幸祥.区域合作中的行政规范性文件协作制定机制研究——以长三角生态绿色一体化发展示范区为例[J].行政法学研究,2021(5):113-123.

② 宋保振,陈金钊.区域协同立法模式探究——以长三角为例[J].江海学刊,2019(6):165-171.

府、企事业单位、公民等主体减少温室气体排放的能力,也很难进一步明确区域内"双碳"目标行动立法合作的具体项目。在防止地方立法权的滥用、地方保护主义的"再强化"的前提下,如果没有区域立法协同来整合一个地理区域内碳中和行动的相关资源,就难以建立有效的管理和激励机制。①

(二)长三角法治发展问题的解决方案

1. 构建原则指导下的协同立法总体框架

立法过程应当遵循问题导向、系统观念、科学立法和把握重点等原则,根据一体化示范区建设的实际需要,结合立法技术的一般运用,协同立法可以采取总分的模式。总则主要对协同立法的制定目标、上位法依据、基本原则、适用范围、立法主体、各立法参与方权力、各立法参与权利和义务、规范冲突解决、共治共建共享等内容予以规定。分则主要对管治机制、规划与自然资源、生态环保、基础设施、科技创新、公共服务和营商环境等予以规定。总分结构体现系统观念,反映问题导向,更符合现阶段一体化示范区发展对立法形式的需求。在主要内容方面,以地方性法规的形式正式明确示范区的覆盖范围,进一步明确管治机关的权力,便于其开展管治工作,用法规针对重点、难点和堵点形成对策固定。②

---

① 韩业斌.区域协同立法的合法性困境与出路——基于辅助性原则的视角分析[J].法学,2021(2):146-159.

② 邹鹏,顾屹.长三角一体化示范区跨区域协同立法重点问题研究[C]//上海市法学会.《法学前沿》集刊2023年第2卷——长三角区域一体化的法治保障研究文集.[出版者不详],2023:9.

2.多方位助推长三角区域法治协同中司法政策标准统一

第一,进行系统布局,以强化长三角区域司法实践中适法执法标准的统一。规范长三角区域审判机关、检察机关的司法政策制定与实施,探索建立统一的工作评价体系、统一的司法办案标准,进一步加强长三角司法机关在涉及生态环境保护、市场监管、公共安全、社会治安等重点领域的司法政策保障力度,以促进长三角区域类案同罚、同判,从而解决区域社会治理制度存在的漏洞。第二,进行区域合作,以推动长三角区域司法实践中适法执法标准的统一。大力支持浙苏皖沪三省一市审判机关、检察机关深入开展司法政策一体化的制度创新;要巩固深化日常交流机制,积极探索跨区域共用共享新模式,包括理论性、实践性专家人才、教研基地、实验室等资源的共享。第三,"智慧+"赋能长三角区域司法实践中适法执法标准的统一。深化长三角区域信息数据共享机制建设,探索建立司法政策数据库,持续推进法律监督线索智能分析研判、数字监管等创新举措,研发完善类案智能化推送等功能,引导、实现长三角司法资源的快速优化配置与再生,降低司法政策的制定成本、适配成本、执行成本,提升长三角法治产品、检察产品的优质度,推进区域智慧法治系统集成。[①]

3.创新区域内税收法治路径

在长三角一体化发展中,税收体制机制创新要从全国区域一体化综合立法的角度进行顶层设计,但共性之中,依然要看到个性之处。

---

① 《全国人大代表陈晶莹:长三角一体化法治协同,如何统一适法标准?》,载社会科学报社公众号,https://mp.weixin.qq.com/s/GKIW19tne9BpsOaWjNInUg,2024年1月26日最后访问。

如果能理顺长三角区域内的税收"立法、征管、使用"问题,则区内如环境保护、交通联通、基本公共服务一体化等问题便可迎刃而解。这具体可分为以下几点。其一,立法先行:中央与地方立法并举。中央应尽快制定区域合作法。"重大改革于法有据",要实现长三角区域内的税收法治创新就需要立法先行。因此,有必要制定一套与长三角一体化发展相适应的"经济利益分享和补偿法律机制"。地方层面可以行政协议为突破点,可通过各自立法的既有模式进行税收立法协作。其二,机制创新:贯通税款流转的各个环节。在构建行业性税收优惠体系、创新税收收入使用方式、优化税收征管模式、强化监管与纠纷解决机制等方面设计一套更为优化的税收法治路径。①

4. 搭建长三角地区碳中和立法协同一体化体系

纵观当下我国涉"碳"地方立法现状,在《南昌市低碳发展促进条例》《深圳经济特区碳排放管理若干规定》《石家庄市低碳发展促进条例》和《天津市碳达峰碳中和促进条例》4 部地方性法规中,天津市专门针对碳达峰、碳中和制定的条例可能算是最新且最有指导意义的一部。该法规在碳中和立法模式的探索上树立了框架性立法的文本典范。此前长三角地区各省就制定《中国自由贸易试验区条例》采取过"共用一个文本"的模式,这也为碳中和区域协作中的框架性立法积累了实践经验。在当前长三角一体化发展的战略背景下,为更好地调节长三角经济发展与碳中和目标之间的内生冲突,基于对长三角地区碳中和法规体系的系统性重构,在此对该地区碳中和立法协同提出 3 点

---

① 陈少英,欧阳天健.长江三角洲区域高质量一体化的税收法治保障[J].中南民族大学学报(人文社会科学版),2022(6):119-129.

对策和建议。第一,制定促进区域碳中和行动的框架性法规,为长三角区域气候治理立法协同提供满足精准供给需求的专门法规。第二,设定长三角碳中和目标行动的立法规划,以三省一市目前的"涉碳"立法经验为参照,注重对长三角地区各省市现行有效的碳中和相关法规、政府规章等进行比对,找出差异或冲突的内容,在后续的立法活动中纳入协调和修改计划,即对已制定的碳中和相关法规、规章的合法性、合理性、实效性、技术性、协调性等方面进行评估。第三,针对重点领域的立法经验,开展立法协同转化,以区域减污降碳技术发展相关法规的立法协同,推动生态环境标准和各类碳源排放标准体系的完善,促进污染物与温室气体排放的协同控制,形成碳中和立法同目标行动实践之间的同步更新。综上,长三角一体化发展进程中的碳中和立法协同既要保障区域碳中和目标的如期实现,也要为区域经济的绿色发展和高质量发展保驾护航。①

---

① 杨解君,黎浩田.长三角一体化发展视域下的碳中和立法协同研究[J].南大法学,2023(3):77-93.